Practice & Improve Your French Plus

Listening Guide

Practice & Improve Your French Plus

Listening Guide

Chantal Marsden
Saxon Menné

PASSPORT BOOKS
a division of *NTC Publishing Group*
Lincolnwood, Illinois USA

Note
All the characters and incidents in this book and the accompanying recorded material are fictitious and bear no relation to any known person, firm or company.

Story written by:
Chantal Marsden

Based on an original idea by:
Saxon Menné

Music written and produced by:
David Stoll

Recordings mixed by:
David Stoll

1995 Printing

This edition first published in 1988 by Passport Books, a division of NTC Publishing Group, 4255 West Touhy Avenue, Lincolnwood, Illinois 60646-1975 U.S.A.
Developed by Harrap Limited.

Manufactured in the United States of America.

5 6 7 8 9 0 ML 9 8 7 6 5 4

TABLE DES MATIERES

LE PROGRAMME D'ECHANGES

LE PROGRAMME D'ECHANGES

Cassette 1 Face 1

Il ne peut pas venir ...

SCENE 1: **L'agence de publicité**

Le musicien Alors, qu'est-ce que vous en pensez, Didier?

Didier C'est le premier? Oui, c'est pas mal. J'aime bien. Ecoutons les autres, pour voir.

Le musicien Voilà le second.
Et voilà le troisième.

Didier Oui. C'est difficile de savoir. Bonjour Odile.

Odile Bonjour.

Didier On est en train d'écouter les bandes sonores pour la pub sur la Tunisie. On va les réécouter. D'accord?

Le musicien OK. On y va.
Numéro un.
Numéro deux.
Et numéro trois.

Didier Alors, qu'est-ce que tu en penses?

Odile Je préfère le deuxième.

Le musicien Ah bon?

Odile Oui. Je trouve que le second a quelque chose de plus. Il est plus subtil que les deux autres. Il ressemble moins à une annonce publicitaire.

Didier Oui. Je vois ce que tu veux dire.

Odile Vraiment, le meilleur, c'est le deuxième.

Didier Mais est-ce que ça évoque bien la Tunisie? Est-ce que c'est exotique?

Odile Oui, tout à fait. Moi je trouve que c'est idéal. On se croirait là-bas.

Didier Eh bien moi, je préfère le troisième.

Odile Ah oui? Tu ne trouves pas qu'il est un peu terne?

Didier Oui, mais il est clair et agréable, bien rythmé. Et je m'y connais, moi. J'ai du flair! ... Je *sais* ce qui va marcher.

Odile Ce que j'aime, chez toi, c'est ta grande modestie ...

Le musicien Vous voulez les entendre encore une fois?

Didier Non, merci. On va prendre le troisième.

Le musicien Entendu.

Didier Mais gardez quand même les deux autres. Au cas où nous en aurions besoin pour autre chose.

Le musicien D'accord.

Didier Tu ne trouves pas que j'ai raison, Odile?

Odile Non. C'est toujours le deuxième que je préfère.

Didier Eh bien, on verra bien ce qu'en pensera le client. Bien, merci, Jean. Et l'autre musique? Ça avance?

Le musicien Ça va. C'est presque fini.

Didier Bon. Vous avez un morceau à nous faire écouter?

Le musicien Non, pas encore. Disons lundi.

Didier D'accord.

Odile Didier?

Didier Oui, Odile?

Odile Il faut que je parte maintenant. Bonsoir.

Le musicien Bonsoir.

Didier Attends, Odile. Tu peux rester encore un petit moment?

Odile Encore? Je suis déjà restée tard deux fois cette semaine.

Didier Il y a deux ou trois choses que je voudrais régler.

Odile Mais j'ai des courses à faire ce soir.

Didier Juste une demi-heure. Pas plus. C'est promis.

Odile Bon, d'accord. Mais pas trop tard. Sinon tous les magasins seront fermés.

EXERCICE 1: Les nombres ordinaux

Guide Bonjour, soyez les bienvenus! Si j'ai bien compris, cette histoire parle d'une fille qui travaille dans la publicité. Tout au long de cette histoire, il me faudra un peu de temps pour faire des exercices de français.

Le français n'est pas non plus ma langue maternelle, alors nous pouvons étudier en même temps, vous et moi, et faire les exercices ensemble. Bien.

Dans cette histoire, ils parlaient du premier morceau de musique, puis du deuxième et du troisième. Je voudrais être sûre que je connais bien ces nombres, et les réécouter.

Lui Bon, nous allons nous les partager. Nous en prendrons trois chacun. Donc moi je prends ...

* * *

le premier, le second et le troisième. Et vous, vous prendrez ...

* * *

Elle le quatrième, le cinquième et le sixième. Et vous ...

* * *

Lui le septième, le huitième et le neuvième. Et vous, vous aurez le ...

* * *

Elle le dixième, le onzième et le douzième. Et vous ...

* * *

Lui le treizième, le quatorzième et le quinzième. Ensuite, pour vous ...

* * *

Elle le seizième, le dix-septième et le dix-huitième. Ce qui veut dire que vous aurez ...

* * *

Lui le dix-neuvième, le vingtième et le vingt et unième. A vous pour les trois derniers ...

* * *

Elle le vingt-deuxième, le vingt-troisième et le vingt-quatrième.

Guide Bien. Alors, Didier a demandé à Odile de rester travailler plus tard. Elle rentre chez elle maintenant. J'espère qu'elle a pensé à faire les courses.

SCENE 2: Dans l'appartement d'Odile et de Delphine

Delphine Qui est là?

Odile C'est moi. Ouvre.

Delphine Bonjour, Odile. Ça va?

Odile Salut, Delphine.

Delphine Tu as fait les courses?

Odile Quelles courses?

Delphine C'était ton tour de faire les courses, aujourd'hui.

Odile Oh flûte, c'est vrai! J'ai dû travailler plus tard et j'ai complètement oublié.

Delphine Tu as oublié? Mais qu'est-ce qu'on va manger ce soir?

Odile Je suis désolée. On peut aller au restaurant, si tu veux.

Delphine Je n'ai pas assez d'argent.

Odile Je t'invite. On va manger un hamburger. D'accord?

Delphine Et le petit déjeuner? Il n'y a même pas de lait.

Odile Oh, on trouvera bien quelque chose.

Delphine Quoi?

Odile Oh, je ne sais pas, moi. On verra bien demain matin ... En tout cas, je vais prendre une douche et me changer.

Delphine Vraiment, je ne sais pas, mais un jour, tu finiras par oublier ta tête!

Odile Bon, je vais réfléchir en prenant ma douche.

Delphine Enfin, tu as passé une bonne journée?

Odile Comment?

Delphine Je dis, tu as passé une bonne journée?

Odile Je ne t'entends pas. A cause de la douche.

Delphine Oh, ça ne fait rien.

Odile Qu'est-ce que tu dis?

Delphine Je dis, ça ne fait rien.

Odile Quoi?

Delphine Finis de prendre ta douche. On parlera après.

Odile OK. Dis, Delphine?

Delphine Quoi?

Odile Tu ne voudrais pas me faire un petit café?

Delphine Il n'y a pas de café. Tu n'en as pas acheté.

Odile Ah ... Eh bien, un thé, alors?

Delphine D'accord.

Odile J'ai une soif! J'ai vraiment besoin de boire quelque chose. Ah, je commence à me sentir un peu mieux! Au fait, qu'est-ce que tu me disais quand j'étais sous la douche?

Delphine Oh, rien de spécial. Je te demandais si tu avais passé une bonne journée. Dans le monde fascinant de la publicité.

Odile Oh. Je n'ai pas arrêté. On est en train de préparer une nouvelle campagne de publicité. A la radio.

Delphine Ah bon? Pour qui?

Odile C'est pour la Tunisie. Le tourisme culturel. Allô? Odile Vallier à l'appareil. Oui, c'est bien ça. C'est pour toi. C'est un appel international. Je crois que c'est Karim.

Delphine Allô. Oui, c'est moi.
Merci. Je vais dans la pièce à côté, OK?
Karim! Comment vas-tu? Tu m'appelles d'où?

Odile Mince. Pas de sucre ... Pas de citron ... Et même pas de lait! Tout ça, c'est à cause de Didier. Juste une demi-heure! Je suis sûre qu'il a du sucre à mettre dans son thé, lui! Et de quoi manger dans son frigidaire!

Delphine Tu avais raison. C'était bien Karim.

Odile Quoi? Il téléphonait de Tunis?

Delphine Oui.

Odile Il y a quelque chose de grave?

Delphine Non, rien. Il voulait juste me dire bonjour.

Odile Ah ... ça, c'est l'amour. Téléphoner de si loin, juste pour dire bonjour! Ça doit coûter une fortune!

Delphine Oui, sûrement.

Odile Il est riche?

Delphine Non. Pas tellement. Il est étudiant.

Odile Alors, il est amoureux, c'est sûr!

Delphine Merci. Il va peut-être venir en France bientôt.

Odile Ce n'est pas vrai! Ici, à Paris?

Delphine Oui. Il espère obtenir une bourse. Pour venir continuer ses études en France.

Odile Pour combien de temps?

Delphine Pour deux ans au moins.

Odile Deux ans? Oh là là. Eh bien, ça vous laissera tout le temps ...

Delphine Tout le temps pour quoi?

Odile Je ne sais pas moi ... Pour ce que vous voudrez, ma chère!

Delphine Oui, enfin, on verra bien ... Arrrgh!

Odile Qu'est-ce qu'il y a?

Delphine Il n'y a pas de sucre dans ce thé.

Odile Je sais. Je suis désolée, on n'a plus de sucre!

SCENE 3: **L'agence de publicité**

Didier Tu as l'heure, Odile?

Odile Oui, il est une heure moins le quart.

Didier Bon. Je ferais bien de partir. Ça va? Je suis présentable?

Odile Oui, parfait. Pourquoi?

Didier J'ai un déjeuner.

Odile D'affaires?

Didier Eh bien, j'espère. Ce sont de gros clients.

Odile Alors, bonne chance.

Didier Merci.

Odile Et ne mange pas trop. N'oublie pas ta ligne.

Didier Ça, il n'y a pas de danger.

Odile Au revoir. Bon déjeuner!

Didier Merci. A tout à l'heure.

Delphine Comptabilité clients, bonjour.

Odile Delphine?

Delphine Oui. C'est toi, Odile?

Odile Oui. Tu as beaucoup de travail en ce moment?

Delphine Non, pas tellement. Tout le monde est allé déjeuner. Et toi?

Odile C'est très calme aussi. Mon patron vient de partir pour un déjeuner d'affaires.

Delphine Veinarde.

Odile Justement. C'est pour ça que je t'appelais.

Delphine Comment ça?

Odile Je peux faire les courses, si tu veux.

Delphine Oh oui, je veux bien. J'allais les faire à la sortie du bureau, mais ...

Odile Bon. Si tu me dis ce qu'il y a sur la liste, je peux y aller tout de suite.

Delphine Attends. Ne quitte pas. J'ai la liste dans mon sac. Voilà. Des œufs.

Odile Une douzaine?

Delphine Oui. De la lessive. Du jus d'orange. Quelque chose pour le dîner? J'ai pensé à des spaghettis bolognaise.

Odile Encore?!

Delphine Bon, alors, trouve autre chose. Des fruits. Du fromage. Ah, et est-ce que tu peux acheter du shampooing?

Odile D'accord. C'est tout?

Delphine Oui, c'est tout. A moins que tu ne penses à quelque chose d'autre. Achète-le.

Odile D'accord. Oh, au fait. Delphine?

Delphine Oui?

Odile Ton ami, Karim, il habite bien en Tunisie?

Delphine Oui, pourquoi?

Odile C'est bien ce que je pensais. Tu sais, je t'ai dit qu'on était en train de préparer une série de publicités pour le tourisme culturel?

Delphine Oui?

Odile Eh bien, c'est pour la Tunisie.

Delphine C'est vrai?

Odile Oui. C'est pour le ministère du Tourisme et de la Culture.

Delphine C'est vrai? Je crois que c'est eux qui vont payer une partie des études de Karim ici. Alors tâche de faire du bon travail!

Odile Je vais essayer!

Delphine Je sais que ça a quelque chose à voir avec lui.

Odile Je me renseignerai.

Delphine Bon, il faut que je retourne travailler un peu maintenant.

Odile OK. Moi, je vais faire les courses.

Delphine A ce soir.

Odile Au revoir.

Didier Oui? Entrez.

Delphine Oh, bonjour. Je cherchais Odile Vallier.

Didier Elle est sortie. Je suis son patron.

Delphine Ah. Je croyais que vous étiez parti déjeuner.

Didier Oui. Mais je suis revenu. Qu'est-ce que je peux faire pour vous?

Delphine Oh, rien, je voulais simplement lui demander si elle avait fait les courses.

Didier Je crois que c'est ce qu'elle fait en ce moment. C'était important?

Delphine Non. C'est juste à propos du dîner de ce soir.

Didier Ah oui?

Delphine J'habite avec Odile.

Didier Ah, alors, vous devez vous appeler Delphine.

Delphine C'est ça.

Didier Et moi, je suis Didier Languereau.

Delphine Oui, je sais.

Didier Et, vous sortez ce soir?

Delphine Oui. Je vais écouter un groupe de musique du Moyen-Âge. Alors je ne dînerai pas à la maison.

Didier Ce n'est pas le groupe des Ménestriers, par hasard?

Delphine Comment? Si, c'est eux.

Didier Ah! Très intéressant.

Delphine Vous aimez ce genre de musique?

Didier Oui, beaucoup. J'ai plusieurs disques d'eux. Attendez, je réponds au téléphone.

Delphine De toute façon il faut que je m'en aille. Je suis déjà en retard.

Didier Au revoir. A bientôt. Allô?

EXERCICE 2: Magasins

Guide Voyons ... Il était question d'un ami qui doit venir de Tunisie. Et puis aussi d'aller faire les courses. Au fait, je me demande si je connais tous les noms des magasins en français?

Lui Où achète-t-on les journaux?

* * *

Elle Chez le marchand de journaux.

Lui Et où achète-t-on le pain?

* * *

Elle Chez le boulanger.

Lui Et où achète-t-on de l'aspirine, du dentifrice et des médicaments?

* * *

Elle Chez le pharmacien.

Lui Et du papier et des crayons?

* * *

Elle A la papeterie.

Lui Et où fait-on réparer les chaussures?

* * *

Elle Chez le cordonnier.

Lui Et les montres et les horloges?

* * *

Elle Chez l'horloger.

Lui Et où achète-t-on des bijoux?

* * *

Elle Chez le bijoutier.

Lui Et où se fait-on couper les cheveux?

* * *

Elle Chez le coiffeur.

Lui Et où achète-t-on des fruits?

* * *

Elle Chez le marchand de primeurs.

Lui Et de la viande?

* * *

Elle Chez le boucher.

Lui En fait, moi, j'achète la plupart des choses au supermarché.

Elle Moi aussi.

Guide Certains de ces noms ne sont pas faciles à prononcer pour les étrangers: cordonnier, horloger, bijoutier. Il faut s'entraîner! Bon ... Voilà Didier et Odile. Ils se préparent à écouter l'annonce publicitaire.

SCENE 4: L'agence de publicité

Didier Ah ...

Odile Ce n'est pas encore l'heure, Didier. Patience!

Didier On ne sait jamais, avec la radio. Ça peut passer à n'importe quel moment.

Odile Oui, mais pas pendant les informations sur la circulation!

Didier Tu as préparé le magnétophone?

Odile Tout est prêt. J'ai tout vérifié.

Didier Tu as mis une cassette vierge?

Odile Oh, enfin, je ne suis pas complètement idiote!

Didier Oh, ne te fâche pas! C'est juste pour être sûr, c'est tout.

Speaker ... circulation très ralentie sur l'autoroute A6 à la hauteur de Fontainebleau, direction province. Il est conseillé aux automobilistes de quitter l'autoroute avant Fontainebleau et d'emprunter l'itinéraire Bis, fléché en vert. Prochain point sur la circulation pendant le flash de midi. En attendant, bonne route, et soyez prudents!

Didier Ça va venir bientôt.

Speaker Nous allons retrouver notre invité, professeur Merle, dans quelques instants, pour continuer avec lui notre discussion sur les études universitaires et les échanges culturels. Vous êtes à l'écoute de Radio NRJ, votre radio locale, votre radio libre préférée, sur 94 mètres FM. N'oubliez pas, Radio NRJ, c'est de l'énergie vingt-quatre heures sur vingt-quatre! Mais maintenant, en route pour la Tunisie, le temps d'un petit intermède publicitaire.

Didier Voilà, c'est nous!

Voix Faites-vous plaisir cet été en découvrant la Tunisie. Vous y trouverez le soleil, le calme, des paysages somptueux, et un accueil chaleureux inoubliable. Et pour ceux qui ne veulent pas bronzer idiots, mille sites touristiques à visiter et une foule d'activités artistiques et culturelles. Et tout cela à des prix très raisonnables. Alors vite, renseignez-vous à votre agence de voyages la plus proche, ou à l'office du tourisme Tunisien. Bonnes vacances!

Didier Ce n'est pas mal, hein? La voix est agréable.

Odile Oui. J'aime bien la voix. Mais je trouve quand même que l'autre musique était meilleure.

Didier Mais c'est tout de même bien, dans l'ensemble, non?

Odile Ah oui, moi je trouve ça très réussi.

Speaker Bien. Professeur Merle, nous parlions des difficultés que l'on rencontre actuellement dans le domaine universitaire, en particulier en ce qui concerne les échanges culturels et universitaires entre nous.

Merle Oui, et justement, puisqu'on vient de parler de la Tunisie, nous avons là un cas absolument typique, qui illustre très bien la situation.

Speaker Et ... qu'est-ce qui vous fait dire ça, Professeur?

Merle Eh bien, j'ai appris, pas plus tard qu'hier, que les bourses d'études pour étudiants tunisiens venaient d'être supprimées. Nous avons accueilli des étudiants de ce pays pendant des années, et d'un seul coup, du jour au lendemain, on apprend que ces échanges n'existeront plus.

Speaker Et pourquoi?

Merle Oh, comme d'habitude. Raisons économiques, soi-disant. Mais en fait, ce n'est pas une raison valable, si on considère tous les aspects positifs par rapport aux frais, qui sont minimes. Non. C'est une manœuvre politique, tout simplement.

Speaker En fait, si je comprends bien, le gouvernement veut montrer qu'il ne gaspille pas notre argent.

Merle Exactement. Et, en réalité, les économies réalisées de cette manière sont tout à fait dérisoires. Non, c'est une simple façade. Ces échanges étaient très peu coûteux, et très fructueux.

Didier Ça suffit. Tu peux l'arrêter.

Odile D'accord.

EXERCICE 3: Les intonations (1)

Guide Dans ce passage, Didier et Odile disaient qu'ils aimaient bien la publicité. Pour changer le sens de ce qu'ils disent, les gens changent d'intonation. J'aimerais bien entendre d'autres exemples de ça.

Elle Il est parti.

* * *

Lui Ça vous est égal.

* * *

Elle Il est parti?!

* * *

Lui Ça vous surprend.

* * *

Elle Il est parti??

* * *

Lui Vous êtes indignée. Ça vous met en colère.

* * *

Elle Il est parti.

* * *

Lui Ça vous rend triste.

* * *

Elle Ah! Il est parti!!

* * *

Lui Ça, ça vous fait plaisir.

Guide D'accord. La surprise, la colère, la tristesse, la joie. Je vais m'exercer.
Bien. C'est le soir, maintenant, et Odile rentre chez elle.

SCENE 5: Dans l'appartement d'Odile et de Delphine

Odile C'est moi! Delphine! Delphine! Tu es là? ... Qu'est-ce qu'il t'arrive?

Delphine Ne fais pas attention. C'est idiot.

Odile Mais qu'est-ce qu'il y a?

Delphine Ce n'est rien. Ce n'est pas grave.

Odile Ça a l'air grave, pourtant.

Delphine Non. Ça va passer. Ça ira mieux dans un moment.

Odile Je vais te faire une tasse de thé.

Delphine C'est tellement idiot.

Odile Quoi?

Delphine C'est à cause de Karim.

Odile Qu'est-ce qui s'est passé?

Delphine Il ne peut plus venir en France.

Odile Pourquoi? Il devait bien faire ses études ici, non?

Delphine Oui. Et maintenant, ils disent que ce n'est pas possible. Ils ont supprimé toutes les bourses d'étude. Comme ça, d'un seul coup.

Odile Pourquoi?

Delphine Je ne sais pas. Il n'a pas pu me le dire. Je l'ai eu au téléphone. Il m'a dit qu'il m'écrirait.

Odile Mais quand est-ce qu'il va venir ici, alors?

Delphine Eh bien, je ne sais pas. Sans doute jamais. Il n'est pas assez riche pour venir étudier ici à ses frais. Tiens, l'eau bout pour le thé.

Odile Oui, c'est vraiment bête. Mais on devrait quand même pouvoir faire quelque chose.

Delphine Oui, mais quoi?

Odile Par exemple, on pourrait contacter l'office du tourisme de son pays. Nous sommes en train de faire une série d'annonces publicitaires pour eux.

Delphine Tu veux dire qu'on pourrait leur demander de nous aider?

Odile Je ne sais pas si je les connais assez bien pour ça.

Delphine Tu peux toujours essayer.

Odile Oui, sûrement. Ah, mais attends.

Delphine Quoi?

Odile J'ai entendu quelque chose à propos de ça, à la radio. C'était aujourd'hui, au bureau.

Delphine Karim m'a dit que c'était une question d'argent.

Odile Oui, je me souviens. Le professeur je ne sais plus quoi en parlait.

Delphine Je ne connais pas les détails.

Odile Nous en avons enregistré une partie. Je t'apporterai une copie de la bande demain.

Delphine Oh merci. Tu es gentille. Tu crois vraiment qu'on peut faire quelque chose?

Odile Ça vaut la peine d'essayer. On verra bien.

EXERCICE 4: Consolations et réconfort

Guide Delphine a l'air assez bouleversée. Qu'est-ce qu'on peut dire aux gens quand les choses vont mal?

Lui Je suis invité à un dîner. Je dois partir maintenant, mais ma voiture ne veut pas démarrer.

Elle Je vais lui dire de ne pas s'inquiéter. Je peux l'emmener.

* * *

Mais ne t'inquiète pas. Je vais t'emmener chez tes amis.

* * *

Lui J'ai un examen demain, et je ne suis pas prêt. Je suis sûr que je vais le rater.

Elle Je vais lui dire de ne pas s'en faire. Je vais l'aider à réviser.

* * *

Ne t'en fais pas. Je vais t'aider à réviser.

* * *

Lui Je suis ennuyé. Je n'ai personne pour garder mes enfants lundi soir.

Elle Je vais lui dire que ce n'est pas un problème. Je les garderai pour lui.

* * *

Pas de problème. Je les garderai, moi, si tu veux.

* * *

Guide — Bon. D'accord. Maintenant, allons voir comment Odile va aider l'ami de Delphine.

SCENE 6: Dans l'appartement d'Odile et de Delphine

Odile — Salut. J'ai apporté la bande.

Delphine — Tu as vu les gens de l'Office du Tourisme, aujourd'hui?

Odile — Non. Je ne les vois pas, normalement. Tu as eu d'autres nouvelles de Karim?

Delphine — Non. Il ne peut pas téléphoner tous les jours.

Odile — Voilà.

Speaker — ... circulation très ralentie sur l'autoroute A6, à la hauteur de Fontainebleau, direction province. Il est conseillé aux automobilistes de quitter l'autoroute avant Fontainebleau, et d'emprunter l'itinéraire Bis, fléché en vert. Prochain point sur la circulation pendant le flash de midi. En attendant, bonne route, et soyez prudents!
... Radio NRJ

Delphine — C'est ça!

Speaker — ... votre radio locale, votre radio libre préférée, sur 94 mètres FM. N'oubliez pas, Radio NRJ, c'est de l'énergie vingt-quatre heures sur vingt-quatre! Mais maintenant, en route pour la Tunisie, le temps d'un petit intermède publicitaire.

Voix — Faites-vous plaisir cet été, en découvrant la Tunisie.

Odile Voilà notre pub.

Voix Vous y trouverez le soleil, le calme, des paysages somptueux, et un accueil chaleureux inoubliable. Et pour ceux qui ne veulent pas bronzer idiots, mille sites touristiques à visiter et une foule d'activités artistiques et culturelles. Et tout cela à des prix très raisonnables. Alors vite, renseignez-vous à votre agence de voyages la plus proche, ou à l'Office du Tourisme Tunisien. Bonnes vacances!

Speaker Bien, professeur Merle.

Delphine Il s'appelle comment? Professeur Merle?

Odile Oui. Merle. Comme l'oiseau.

Voix Bonnes vacances!

Speaker Bien, professeur Merle. Nous parlions des difficultés que l'on rencontre actuellement dans le domaine universitaire, en particulier en ce qui concerne les échanges culturels et universitaires entre nous.

Merle Oui, et justement, puisqu'on vient de parler de la Tunisie, nous avons là un cas absolument typique, qui illustre très bien la situation.

Speaker Et ... qu'est-ce qui vous fait dire ça, Professeur?

Merle Eh bien, j'ai appris, pas plus tard qu'hier, que les bourses d'études pour étudiants tunisiens venaient d'être supprimées. Nous avons accueilli des étudiants de ce pays pendant des années, et d'un seul coup, du jour au lendemain, on apprend que ces échanges n'existeront plus.

Speaker Et pourquoi?

Merle Oh, comme d'habitude. Raisons économiques, soi-disant. Mais en fait, ce n'est pas une raison valable, si on considère tous les aspects positifs par rapport aux frais, qui sont minimes. Non, c'est une manœuvre politique, tout simplement.

Speaker En fait, si je comprends bien, le gouvernement veut montrer qu'il ne gaspille pas notre argent.

Merle Exactement. Et, en réalité, les économies réalisées de cette manière sont tout à fait dérisoires. Non, c'est une simple façade. Ces échanges étaient très peu coûteux, et très fructueux.

Delphine Ça doit être ça.

Odile Je vais lui passer un coup de téléphone. Il sait peut-être quelque chose.

Delphine Comment est-ce que tu vas le trouver? Tu sais où il est?

Odile Je crois que je vais appeler la station de radio.

Delphine Ah oui! C'est le mieux.

Odile ... Allô? Professeur Merle? Ah, bonjour. J'ai obtenu votre numéro de téléphone par l'intermédiaire de la Radio NRJ. J'ai entendu votre émission hier et je voulais vous demander quelque chose.

Guide Oh! Odile est vraiment pleine de bonnes idées, en ce moment. Ecoutons la suite.

Cassette 1 Face 2

Je vous appelle à propos d'un programme d'échanges

SCENE 1: **Dans le bureau du professeur Merle**

Odile Professeur Merle?

Merle Oui, entrez.

Odile Je m'appelle Odile Vallier.

Merle Ah, oui. Bonjour.

Odile Nous nous sommes parlé au téléphone.

Merle C'est ça. Entrez, entrez. Asseyez-vous. Bon. Si je saisis bien, votre petit ami est une des victimes des changements intervenus dans les programmes d'échanges.

Odile Oui, enfin, c'est-à-dire, ce n'est pas mon petit ami.

Merle Ah?

Odile Non, c'est celui de mon amie, avec qui je partage un appartement. Mais je crois que le programme d'échanges en question le concernait.

Merle Oui, d'après ce que vous m'avez dit, je suis sûr que c'est le cas. L'accord consistait à avoir deux ou trois étudiants par an, dans des domaines clefs: ingénierie, tourisme, administration, électronique. Vingt-quatre jeunes gens en tout.

Odile Oui ... Je vous ai entendu dire à la radio que ça ne coûtait pas cher du tout.

Merle Mais non. Pas du tout. Les étudiants font des stages. Pour ces stages, ils touchent une rémunération. Donc, les seuls frais concernent le prix de leur billet et quelques dépenses administratives, c'est tout.

Odile Mais pourquoi est-ce que ces stages ont été supprimés, alors?

Merle Avant tout, pour des raisons politiques. En faisant ça, ils peuvent dire qu'ils dépensent moins d'argent pour les étudiants étrangers, et qu'ils peuvent en dépenser plus pour nos propres étudiants. Mais ce n'est pas vraiment le cas, et c'est une fausse économie. Car les relations internationales et la bonne entente entre les pays, ça coûte beaucoup plus cher que ça. Comme toujours les bureaucrates suppriment quelque chose de valable, et font des économies là où il ne faut pas en faire. C'est tout à fait typique.

Odile Mais, professeur Merle, on ne pourrait pas organiser quelque chose comme ça nous-mêmes?

Merle C'est-à-dire?

Odile Vous avez bien dit qu'il n'y avait que le voyage et les frais administratifs?

Merle Oui, oui, c'est ça.

Odile Eh bien alors, pour une seule personne, les frais administratifs seraient minimes, et si on pouvait trouver un moyen de résoudre le problème du voyage ...

Merle Je vois ce que vous voulez dire, oui.

Odile Au moins, ça ferait un étudiant qui aurait la possibilité de poursuivre ses études.

Merle En théorie, ça ne me paraît pas impossible.

Odile Et ... vous croyez que vous pourriez exercer une influence en sa faveur?

Merle Ah, non, non, non, Mademoiselle. En principe je serais très heureux de vous aider. Mais je ne peux vraiment pas intervenir en faveur d'une personne en particulier.

Odile Pour tout le groupe, alors?

Merle Ah, non! Vraiment. Encore une fois, j'aimerais vous aider, mais je pense qu'il est plus important de lutter sur le plan politique, pour le principe.

Odile Oui, je comprends.

Merle Vous comprenez? Ce sont les aspects politiques de cette question qui sont importants, beaucoup plus que les aspects personnels. Mais je vous comprends, croyez-le bien, et si je peux vous aider ...

Odile Eh bien, oui, justement, vous pouvez.

Merle De quelle manière?

Odile Eh bien, vous connaissez les noms des sociétés et des administrations qui organisent ces programmes. Si je pouvais du moins téléphoner à celle du tourisme, je leur demanderais s'ils peuvent prendre ce jeune homme, quand il viendra ici.

Merle Je n'y vois pas d'objection.

Odile Et, où est-ce qu'il faut que je m'adresse?

Merle Eh bien, vous devriez d'abord essayer la section des relations internationales, le service des études de spécialité.

Odile Merci, c'est ce que je vais faire.

Merle Et surtout ne croyez pas que je refuse de vous aider. Simplement je ne peux vraiment pas m'engager dans une action directe de ce genre, vous comprenez.

EXERCICE 1: Comprendre le langage officiel

Guide Je trouve que le langage abstrait, officiel, est difficile à comprendre. Et pas seulement en français.

Lui Voici une fonctionnaire des impôts qui parle un langage administratif. Elle utilise toutes sortes d'expressions toutes faites, qui font partie du langage officiel. Par exemple, elle ne dit pas "Alors, vous ne pouvez pas payer vos impôts?", elle dit ...

* * *

Elle Si je comprends bien, vous ne pouvez pas payer vos impôts.

Lui Ils disent souvent aussi "en principe" ou "théoriquement". Au lieu de dire "J'aimerais bien vous aider" ou "Je vais vous aider", l'employée des impôts vous dira ...

* * *

Elle En principe, j'aimerais vous aider.

Lui Moi, je dirais "Vous pouvez parler à l'inspecteur des impôts". Elle, elle dit ...

* * *

Elle Théoriquement, vous pouvez parler à l'inspecteur des impôts.

* * *

Lui Ils ne disent pas simplement "oui", comme vous et moi. Ils disent ...

* * *

Elle Théoriquement, ça ne me paraît pas impossible.

* * *

Lui Ou bien ...

* * *

Elle En principe, je n'y vois pas d'objection.

Lui Et ils ne disent pas non plus "Je suis d'accord avec vous" ou "Vous avez raison". Non, ils disent par exemple ...

* * *

Elle Je comprends tout à fait votre cas, croyez-le bien.

Guide Oui. Je crois que c'est la même chose partout, dans tous les pays.

SCENE 2: Dans l'appartement d'Odile et de Delphine

Odile Allô? Delphine?

Delphine Odile! Salut!

Odile Salut!

Delphine Alors? Ça s'est bien passé?

Odile Pas trop bien, non.

Delphine Il n'a pas voulu t'aider?

Odile C'est-à-dire que ... le cas l'intéresse, il veut bien en parler, mais il dit qu'il ne peut rien faire.

Delphine Je vois.

Odile Oh, il ne faut pas te décourager. Il m'a dit à qui je devais téléphoner et j'ai le nom de l'endroit où Karim devait faire son stage.

Delphine Ah bon! Et qu'est-ce qu'ils ont dit?

Odile Je ne leur ai pas encore parlé, mais je vais les appeler tout de suite.

Delphine D'accord. Bon, je raccroche.

Odile OK.

Delphine Dis, Odile?

Odile Oui?

Delphine Tu es vraiment sympa. Je ne sais pas comment te remercier pour tout ça.

Odile Attends avant de me remercier! Je ne pourrai peut-être rien faire!

Delphine Oui, enfin, tu comprends ce que je veux dire.

Odile Oui, je comprends. Et il n'y a pas de quoi me remercier. C'est fait pour ça, les amis.

Delphine Bon. Allez, je raccroche.

Odile Au revoir ...
Allô? Pourrais-je parler au chef du personnel, s'il vous plaît?

Moreau Oui, c'est lui-même. Moreau à l'appareil.

Odile Ah, M. Moreau. Je m'appelle Odile Vallier.

Moreau Oui?

Odile Je vous téléphone pour vous demander un renseignement. Voilà: vous avez bien des étudiants tunisiens qui font un stage chez vous, pour étudier le métier du tourisme?

Moreau Oui, c'est exact.

Odile Et il y en a un autre qui doit venir bientôt les rejoindre?

Moreau Quel nom?

Odile Ben Moussa. Karim Ben Moussa.

Moreau Ben Moussa. Oui, c'est juste. Il ne viendra pas. Le programme a été supprimé, cette année. Nous ne prenons plus aucun étudiant.

Odile Je sais. C'est justement de ça que je voulais vous parler. J'ai raison de penser que ce programme de stages n'est pas très coûteux, n'est-ce pas? Qu'il ne coûte pas très cher à votre service?

Moreau C'est vrai. Ces étudiants sont des stagiaires comme les autres.

Odile Et vous, vous souhaiteriez que le programme se poursuive?

Moreau Personnellement, oui, j'en serais très heureux.

Odile Eh bien, je me demandais simplement si on ne pourrait pas quand même faire venir monsieur Ben Moussa ici, et si vous ne pourriez pas le prendre comme stagiaire, quand il viendra?

Moreau Séparément?

Odile Oui. Séparément.

Moreau Ah, ça, je ne crois pas. Vous comprenez, c'est un problème qui concerne la section des relations internationales. C'est eux qui choisissent les étudiants pour le programme, et qui organisent tout.

Odile Oh, monsieur Moreau, on ne pourrait pas essayer? Vous comprenez, ce n'est pas seulement une question de stage. Il y a aussi des raisons personnelles.

Moreau Je vois. C'est donc ça la vraie raison. Ecoutez, je ne peux vraiment pas prendre de décision moi-même. Il faut que vous vous adressiez à mon chef.

Odile D'accord. Comment s'appelle t-il?

Moreau Elle. C'est une femme. Madame Berthelot.

Odile Madame Berthelot. OK. J'ai noté.

Moreau Elle devrait pouvoir vous aider.

Odile Eh bien, je vous remercie vraiment beaucoup. Vous êtes très aimable.

EXERCICE 2: Ecouter et comprendre (1)

Guide Je trouve que c'est très difficile de comprendre cet homme au téléphone. Même dans sa propre langue, d'ailleurs, ce n'est pas facile de bien comprendre lorsqu'il y a des interruptions et des bruits. J'aimerais m'exercer un peu à comprendre quand il y a un bruit de fond.

Lui Vous vous souvenez de ce métro qui allait Gare de Lyon?

Elle Oui. Ecoutons ça encore une fois.

Lui C'est ce métro-là que je dois prendre?

Elle 1 Où est-ce que vous voulez aller?

Lui Gare de Lyon.

Elle 1 Ah, c'est sur la ligne Vincennes-Neuilly, ça. Il faudra que vous changiez.

Lui A quelle station?

Elle 1 Ah, je suis désolée, je ne sais pas.

Lui Excusez-moi, c'est la bonne ligne pour aller Gare de Lyon?

Elle 2 Ah, non! Il faudra changer à ... attendez ... à Nation.

Lui Changer à Nation?

Elle 2 Oui, c'est ça.

Lui Et après ça, je prends quelle direction?

Elle 2 Alors, à Nation, vous prenez la direction Pont de Neuilly.

Lui Merci beaucoup, Madame.

Lui Maintenant, éliminons la moitié des bruits.

Guide Oui, ça devrait faciliter les choses.

Lui C'est ce métro-là que je dois prendre?

Elle 1 Où est-ce que vous voulez aller?

Lui Gare de Lyon.

Elle 1 Ah, c'est sur la ligne Vincennes-Neuilly, ça. Il faudra que vous changiez.

Lui A quelle station?

Elle 1 Ah, je suis désolée, je ne sais pas.

Lui Excusez-moi, c'est la bonne ligne pour aller Gare de Lyon?

Elle 2 Ah non! Il faudra changer à ... attendez ... à Nation.

Lui Changer à Nation?

Elle 2 Oui, c'est ça.

Lui Et après ça, je prends quelle direction?

Elle 2 Alors, à Nation, vous prenez la direction Pont de Neuilly.

Lui Merci beaucoup, Madame.

Elle Bien. Maintenant, éliminons tous les bruits.

Lui C'est ce métro-là que je dois prendre?

Elle 1 Où est-ce que vous voulez aller?

Lui Gare de Lyon.

Elle 1 Ah, c'est sur la ligne Vincennes-Neuilly, ça. Il faudra que vous changiez.

Lui A quelle station?

Elle 1 Ah, je suis désolée, je ne sais pas.

Lui Excusez-moi, c'est la bonne ligne pour aller Gare de Lyon?

Elle 2 Ah, non! Il faudra changer à ... attendez ... à Nation.

Lui Changer à Nation?

Elle 2 Oui, c'est ça.

Lui Et après ça, je prends quelle direction?

Elle 2 Alors, à Nation, vous prenez la direction Pont de Neuilly.

Lui Merci beaucoup, Madame.

Guide Maintenant que je sais ce que je dois écouter, je crois que je pourrai comprendre le premier enregistrement beaucoup plus facilement.

Lui C'est ce métro-là que je dois prendre?

Elle 1 Où est-ce que vous voulez aller?

Lui Gare de Lyon.

Elle 1 Ah, c'est sur la ligne Vincennes-Neuilly, ça. Il faudra que vous changiez.

Lui A quelle station?

Elle 1 Ah, je suis désolée, je ne sais pas.

Lui Excusez-moi, c'est la bonne ligne pour aller Gare de Lyon?

Elle 2 Ah, non! Il faudra changer à ... attendez ... à Nation.

Lui Changer à Nation?

Elle 2 Oui, c'est ça.

Lui Et après ça, je prends quelle direction?

Elle 2 Alors, à Nation, vous prenez la direction Pont de Neuilly.

Lui Merci beaucoup, Madame.

Guide Bon. Il est clair que, pour comprendre une langue, il faut d'abord bien écouter. Mais allons retrouver Odile maintenant. Elle est en train de téléphoner.

SCENE 3: **L'agence de publicité**

Odile Allô? Est-ce que je pourrais parler à Mme Berthelot, s'il vous plaît? Je m'appelle Odile Vallier. Je téléphone de la part de monsieur Moreau, le chef du personnel. Oui ... Monsieur Moreau aimerait poursuivre le programme d'échanges pour les étudiants tunisiens, et il m'a suggéré d'en parler à Mme Berthelot ...
Allô? Mme Berthelot? La dame vous a expliqué pourquoi je téléphonais? Oui? Très bien. Eh bien, monsieur Moreau aimerait continuer le programme de stages. Comme vous le savez, il vient d'être supprimé. Mais en fait ça semble être une décision d'ordre politique plutôt qu'autre chose. Enfin, il se trouve que je connais l'un des stagiaires. Oui, c'est un ami. Il est en Tunisie actuellement. Oui. Eh bien, je pensais que monsieur Moreau pourrait peut-être le prendre comme stagiaire ordinaire, pour la période d'études? Ah, je vois. Oui. Oui, bien sûr, je comprends. Bien. Eh bien, je vous remercie beaucoup. Au revoir.

Didier Ah, Odile. Alors, on travaille dur, comme d'habitude?

Odile Pour le moment je réfléchis.

Didier A quoi? A ton travail?

Odile Didier ... tu ne connais pas une grande agence de tourisme ou de voyages?

Didier Pourquoi est-ce que tu me demandes ça?

Odile C'est juste une idée, comme ça.

Didier Pour le travail?

Odile Non. Pour aider une amie.

Didier Odile. Je te paie pour que tu travailles pour moi.

Odile Oui, je sais.

Didier Bon. Eh bien alors, travaille!

Odile Je peux donner juste encore quelques coups de téléphone. S'il te plaît.

Didier Je me demande vraiment pourquoi j'essaie de diriger une entreprise.

Odile S'il te plaît!

Didier Bon. D'accord.

Odile M. Moreau?

Moreau Oui, c'est lui-même.

Odile C'est encore moi, Odile Vallier.

Moreau Ah oui. Alors, vous avez eu du succès auprès de Mme Berthelot?

Odile Non. Elle a dit que c'était une affaire politique.

Moreau Oui. C'est vrai, d'ailleurs.

Odile Et elle dit aussi qu'elle ne peut pas changer la politique du gouvernement.

Moreau Eh oui, c'est vrai aussi. Eh bien écoutez, je suis désolé, Mademoiselle, mais je ne peux vraiment rien faire de plus.

Odile Eh bien si, il y a quand même une chose.

Moreau Quoi?

Odile Il doit bien y avoir quelqu'un d'autre qui organise ce genre de stages. Je ne sais pas, une entreprise privée, par exemple, qui ne dépendrait pas autant de l'administration, et où il pourrait suivre son stage.

Moreau Oh, sûrement, oui, il y en a même plusieurs.

Odile Est-ce que vous pourriez me donner les noms d'une ou deux d'entre elles?

Moreau Oui, bien sûr. Avec plaisir.

Odile Oh! Formidable! Merci beaucoup. Vous êtes très gentil.

Moreau Je vais vous donner le nom des organisations, et de la personne à joindre dans chaque cas.

Odile Oh, merci infiniment. Je note.

Moreau Alors, d'abord il y a l'agence Vacances-Jeunesse. Le téléphone c'est le 965-43-50, et la personne à contacter s'appelle madame ...

EXERCICE 3: S'adresser à quelqu'un poliment

Guide Odile a dû être très polie envers Mme Berthelot et M. Moreau, au téléphone. Il est important de savoir être poli.

Lui Vous voulez parler à M. Lafitte. Vous pouvez dire ...

* * *

Elle Je veux parler à M. Lafitte.

Lui Ou, plus poliment ...

* * *

Elle Pourrais-je parler à M. Lafitte, s'il vous plaît?

Lui Vous ne savez pas si vous vous adressez à la personne ou au service qui convient. Vous pourriez dire ...

* * *

Elle Est-ce que c'est bien à vous que je dois m'adresser?

Lui Ou plus poliment ...

* * *

Elle Je ne suis pas sûre que c'est à vous que je dois m'adresser.

Lui Vous téléphonez de la part d'un ami. Vous pourriez dire ...

* * *

Elle C'est un ami qui m'a dit de téléphoner.

Lui Ou plus poliment ...

* * *

Elle Je vous téléphone de la part d'un ami.

Lui Vous voulez qu'il vous aide. Vous pourriez dire ...

* * *

Elle Vous pouvez m'aider, s'il vous plaît?

Lui Ou plus poliment ...

* * *

Elle Est-ce qu'il vous serait possible de m'aider, s'il vous plaît?

Lui Vous voulez le remercier. Vous pourriez dire ...

* * *

Elle Merci.

Lui Ou plus poliment ...

* * *

Elle Je vous remercie infiniment. Vous êtes très aimable.

Guide Bien. Retournons voir Odile. Elle est toujours au téléphone.

SCENE 4: L'agence de publicité

Odile Allô? M. Langlois? Je m'appelle Odile Vallier, et je vous téléphone au sujet du

programme d'échanges qui concerne le secteur du tourisme. C'est M. Moreau qui m'a donné votre nom ...
M. Gauthier? Excusez-moi de vous déranger. C'est M. Moreau qui m'a communiqué votre nom, et qui a suggéré que je m'adresse à vous ...
Il s'agit d'un programme d'échanges qui comprend des stages dans le secteur du tourisme. Un ami tunisien devait venir à Paris comme stagiaire ...
Il est tunisien. Son programme d'études a été supprimé, mais ces stages l'intéressent beaucoup ... Euh ... Vous pourriez me dire combien vous payez vos stagiaires, s'il vous plaît? ...
Allô? M. Guérard? Non, non, je ne quitte pas. Allô? Oui. Eh bien, écoutez, c'était pour deux ans. Je ne sais pas comment ça pourrait s'intégrer à votre organisation. Mais si vous lui payez le voyage, il pourra vous rembourser tout au long de ces deux ans, ou quand il aura terminé son stage ...
Les seuls frais sont les frais de voyage, le billet d'avion. Je ne sais pas, il serait peut-être possible, par exemple, de lui payer son billet et de faire ensuite une retenue sur son salaire tous les mois? ... Non, il n'y a pas d'autres dépenses. Le logement n'est pas un problème. Nous nous en occuperons. Non, l'essentiel, ce sont ses études ...
Eh bien, je peux vous fournir tous les détails, oui, mais ça risque de prendre du temps. Il faudra que je téléphone en Tunisie. Est-ce que je peux vous rappeler? Demain? Très bien. A quelle heure, de préférence? Entendu. Je vous rappellerai demain dans la soirée, alors. Je vous remercie beaucoup de votre aide. Au revoir.

EXERCICE 4: Ecouter et comprendre (2)

Guide J'ai encore un peu de mal à comprendre les gens au téléphone.

Lui 1 J'aimerais bien entendre une conversation téléphonique quand la communication est mauvaise. Je vais voir ce que je peux comprendre d'après les intonations de la voix.

Lui 2 Comment ça va?

Elle Oh, tout va bien, merci. Et vous?

Lui 2 Ça va, ça va. D'où appelez-vous?

Elle J'appelle d'Athènes.

Lui 2 D'Athènes? Mais qu'est-ce que vous faites à Athènes?

Elle J'y suis pour deux semaines.

Lui 2 Quoi? En vacances?

Elle Oui, pour deux semaines de vacances.

Lui 2 Et, c'est beau? Ça vous plaît?

Elle Ah, c'est plus que beau: c'est magnifique! Mais ... il fait chaud!

Lui 2 Ça, je m'en doute!

Elle Ecoutez. Vous pourriez me rendre un service?

Lui 2 Bien sûr. Qu'est-ce que je peux faire pour vous?

Elle Eh bien, est-ce que vous pourriez téléphoner au bureau pour moi, et leur dire que je ne reviendrai pas avant mercredi?

Lui 2 Mercredi?

Elle Oui, c'est ça.

Lui 2 Très bien. D'accord!

Lui 1 Bon, maintenant je vais écouter encore une fois. Cette fois-ci je vais l'entendre clairement.

Lui 2 Comment ça va?

Elle Oh, tout va bien, merci. Et vous?

Lui 2 Ça va, ça va. D'où appelez-vous?

Elle J'appelle d'Athènes.

Lui 2 D'Athènes? Qu'est-ce que vous faites à Athènes?

Elle J'y suis pour deux semaines.

Lui 2 Quoi? En vacances?

Elle Oui, pour deux semaines de vacances.

Lui 2 Et, c'est beau, ça vous plaît?

Elle Ah, c'est plus que beau, c'est magnifigue! Mais ... il fait chaud!

Lui 2 Ça, je m'en doute!

Elle Ecoutez, vous pourriez me rendre un service?

Lui 2 Bien sûr. Qu'est-ce que je peux faire pour vous?

Elle Eh bien, est-ce que vous pourriez téléphoner au bureau pour moi, et leur dire que je ne reviendrai pas avant mercredi?

Lui 2 Mercredi?

Elle Oui, c'est ça.

Lui 2 Très bien. D'accord!

Guide Ah! C'était plus facile, cette fois-ci! Allons retrouver Odile. Elle est au bureau avec Didier. Je me demande ce qu'il pense de tous ces appels téléphoniques.

SCENE 5: L'agence de publicité

Didier Odile?

Odile Oui, chef?

Didier Ça va durer encore longtemps?

Odile Quoi, chef?

Didier Tous ces fichus coups de téléphone et ces histoires personnelles. Qu'est-ce que c'est que tout ça, d'ailleurs? Qu'est-ce qui se passe?

Odile C'est le petit ami de la fille avec qui j'habite. Il est tunisien, et en ce moment il a des problèmes. C'est vraiment écœurant d'ailleurs, le gouvernement a décidé d' ...

Didier Bon, bon. D'accord. Je ne veux pas le savoir.

Odile Mais c'est toi qui m'as demandé ...

Didier J'ai changé d'avis.

Odile Ah, bon? Très bien.

Didier Ce que je voudrais bien savoir, c'est quand ça va s'arrêter, tout ça. Depuis quelques jours, tu gaspilles ton temps et mon argent au téléphone.

Odile C'est fini, maintenant. J'ai fait tout ce que j'ai pu.

Didier Parfait. Comme ça, maintenant, tu vas peut-être pouvoir te remettre un peu au travail.

Odile Oui. Tout de suite.

Didier Regarde-moi tout ce travail. Tu n'y as même pas touché.

Odile Je vais le faire, Didier, c'est promis. Je vais rester plus tard ce soir pour le finir.

Didier Bien. Ah, au fait, il y a eu un appel pour toi.

Odile Ah bon?

Didier Un certain monsieur Noël, Nouenne, quelque chose comme ça.

Odile Nouel?

Didier Nouel. C'est ça.

Odile De l'office du tourisme?

Didier Quelque chose dans ce genre-là, oui.

Odile Il y avait un message?

Didier Oui. Il faut que tu lui téléphones.

Odile Rien d'autre?

Didier Non. Il a dit aussi que c'était d'accord. C'est tout. Je ne sais pas ce qui est d'accord, mais c'est d'accord.

Odile Formidable! Merci, Didier. Tu es un ange. Je peux l'appeler? Juste un petit coup de fil? Ce sera le dernier. Je te le promets.

Didier Oh bon, très bien. Mais ... c'est le dernier, hein?

EXERCICE 5: Messages téléphoniques

Guide Je trouve que Didier est très patient avec elle. Bien, maintenant, j'aimerais bien entendre différentes manières de poser des questions.

Elle J'attendais un coup de téléphone de madame Vizille. Elle devait me laisser un message à propos du rendez-vous de la semaine prochaine.

Lui Bonjour, Joëlle.

Elle Bonjour, Antoine. Antoine, c'est bien vous qui répondez au téléphone?

Lui Oui, c'est moi.

Elle Il y a eu un appel pour moi cet après-midi?

Lui Ah ... oui. Oui, quelqu'un a téléphoné vers trois heures.

Elle Ah? Qui était-ce?

Lui Une dame, madame Dizille, Mizille ... quelque chose comme ça.

Elle Madame Vizille?

Lui Vizille. C'est ça.

Elle Elle a laissé un message?

Lui Oui. Elle a dit que c'était d'accord pour mercredi prochain.

Elle Elle n'a pas parlé d'heure?

Lui Euh ... Attendez ... ah oui ... mercredi prochain à six heures. Voilà. C'est ça.

Elle Ah, très bien, merci. C'est tout? Rien d'autre?

Lui Non, non. Enfin ... je ne crois pas.

Guide Bon. Odile a l'air très contente de son message. Ça devait être une bonne nouvelle. Elle est chez elle maintenant, avec Delphine.

SCENE 6: Dans l'appartement d'Odile et de Delphine

Delphine J'ai des nouvelles pour toi, Odile.

Odile Ah bon? Qu'est-ce que c'est?

Delphine Ça y est! Il vient!

Odile Formidable! Alors, il t'a téléphoné? C'est pour quand?

Delphine Samedi soir. Je vais le chercher à l'aéroport.

Odile Oh! Fantastique! Je vais enfin pouvoir le rencontrer, ce fameux Karim!

Delphine Oui ... Et je ne sais vraiment pas comment te remercier pour tout ce que tu as fait.

Odile Ce n'est pas moi qu'il faut remercier, c'est monsieur Nouel et l'office du tourisme.

Delphine Non, non, c'est d'abord grâce a toi. Tous ces coups de téléphone, toutes ces démarches. Sans toi, Karim n'aurait jamais réussi à venir. Je n'aurais rien pu faire toute seule. Merci.

Odile De rien. J'aime bien aider mes amis ... et j'adore parler au téléphone! A ta santé!

Delphine A ta santé! Et vivement samedi!

Cassette 2 Face 1

Si je ne les aide pas, qui est-ce qui va le faire?

SCENE 1: **Dans l'appartement d'Odile et de Delphine**

Delphine Odile, je te présente Karim.

Odile Bonjour, Karim. J'ai beaucoup entendu parler de toi.

Karim Bonjour, Odile.

Odile Tu as fait bon voyage?

Karim Oh excellent, oui, merci.

Delphine C'était vraiment incroyable à l'aéroport. Il y avait un monde fou. On a failli ne pas se trouver.

Odile Karim, tu dois être fatigué. Tu veux boire quelque chose?

Karim Euh ... non, merci, ce que je voudrais bien, c'est me laver les mains et me rafraîchir un peu, après le voyage.

Odile Oui, bien sûr. Viens, je vais te montrer la salle de bains ... Voilà.

Karim Merci.

Odile Delphine, je pensais ... Il y a autre chose ...

Delphine Quoi?

Odile Où est-ce qu'il va se loger? Il ne doit pas avoir assez d'argent pour aller à l'hôtel.

Delphine Non, ça m'étonnerait.

Odile De toute façon le salaire d'un stagiaire n'est pas mirobolant. Il a de la famille ici? Des amis?

Delphine Non, je ne pense pas.

Odile Alors, il n'y a plus qu'une solution.

Delphine	Laquelle?
Odile	Il n'a qu'à rester ici.
Delphine	Tu crois?
Odile	En tout cas, jusqu'à ce qu'il trouve autre chose.
Delphine	Bien ... oui, mais comment est-ce qu'on va s'arranger?
Odile	Eh bien, il pourrait dormir ici, sur le canapé, ou bien alors tu lui donnes ta chambre et on partage la mienne.
Delphine	Vraiment, tu es un ange!
Odile	Oh, arrête de dire ça! C'est normal!
Delphine	Bon, d'accord. On met mon lit dans ta chambre, et lui dort par terre dans la mienne.
Odile	J'espère qu'il n'est pas trop difficile.
Delphine	Oh non! Il est très gentil, tu verras, il te plaira.
Karim	Odile, Delphine m'a raconté tout ce que tu as fait pour moi, et ...
Odile	Oh, c'était vraiment pas grand-chose, quelques coups de téléphone, c'est tout.
Karim	Si, si, vraiment, je ne sais pas comment te remercier.
Odile	Eh bien, tu n'as qu'à m'offrir un verre un de ces jours.
Karim	Il n'y a qu'une chose que je regrette ...
Odile	Qu'est-ce que c'est?
Karim	Je ne peux pas m'empêcher de penser aux autres. Ceux qui devraient être ici avec moi. Je devrais essayer de les aider, faire quelque chose pour eux.
Odile	Oh non, pas ça!

Delphine La pauvre, je crois qu'elle en a assez!

Karim Bien sûr. Je comprends très bien. Mais j'aimerais quand même essayer.

Odile Eh bien, je te souhaite bonne chance. J'espère que tu parles bien au téléphone!

Delphine Oh ça, il parle très, très bien.

Odile Bon, moi, je vais arranger les chambres et faire les lits.

Delphine Attends, je vais t'aider.

Odile Non, ça va. Reste avec Karim. Vous devez avoir des choses à vous dire.

Karim Elle est vraiment gentille, ton amie.

Delphine Oui. Je te l'avais dit.

Karim Ce que tu ne m'avais pas dit, c'est qu'elle est très jolie.

Delphine Ah bon, tu la trouves si jolie que ça?

Karim Plus que jolie, belle.

EXERCICE 1: Expliquer des faits

Guide Bon. Karim est bien arrivé à Paris. Il a retrouvé Delphine. J'ai bien écouté cette conversation du début. Odile et Delphine essayaient de trouver une solution à un problème. J'aimerais bien réécouter les questions et les réponses dans une conversation de ce genre.

Lui Cet homme a perdu tout son argent, parle très mal le français et ne connaît personne ici. Je veux l'aider, mais Marielle n'est pas d'accord. Elle ne comprend pas.

Elle Pourquoi est-ce qu'il ne peut pas habiter chez des amis?

Lui Il ne connaît personne ici.

Elle Bien ... pourquoi est-ce qu'il ne se fait pas des amis?

* * *

Lui Il parle à peine le français.

Elle Il n'a qu'à aller à l'hôtel, alors?

* * *

Lui Il n'a pas d'argent.

Elle Et pourquoi est-ce qu'il n'a pas d'argent?

* * *

Lui Il n'a pas de travail.

Elle Mais enfin pourquoi est-ce qu'il n'a pas de travail?

* * *

Lui Il ne parle pas le français.

Elle Et alors, il ne peut pas prendre des leçons?

* * *

Lui Il n'a pas d'argent.

Elle Dans ce cas-là, pourquoi est-ce qu'il ne prend pas des leçons avec quelqu'un qu'il connaît?

* * *

Lui Il ne connaît personne ici.

Elle Non, moi je n'admets pas ça. Je ne comprends pas. Pourquoi est-ce que tu te sens obligé de l'aider?

* * *

Lui C'est la seule solution.

Guide Voilà. C'était une discussion sur un problème et sa solution. Maintenant, Odile est de retour à son bureau, avec Didier, son patron.

SCENE 2: L'agence de publicité

Didier Alors, comment va ton ami?

Odile Quel ami?

Didier Eh bien, celui avec qui tu as de longues conversations téléphoniques.

Odile Ah, Karim, mon ami tunisien?

Didier Oui, lui.

Odile Il va très bien.

Didier Tant mieux. Et ... il va y en avoir beaucoup?

Odile Qu'est-ce que tu veux dire?

Didier C'est fini, tu as fait ta bonne action, maintenant. Tu ne vas pas passer encore des heures au téléphone pour essayer d'aider les collègues de ce monsieur, j'espère.

Odile Quelque chose me dit que je devrais le faire, pourtant.

Didier Oh non! Dites-moi que j'ai mal entendu!

Odile D'un autre côté, je n'ai vraiment pas le temps.

Didier Là-dessus, nous sommes bien d'accord.

Odile C'est plutôt le travail d'un organisme, d'ailleurs.

Didier Oui, ou d'un service gouvernemental. Ce n'est pas quelque chose qu'un particulier peut faire à lui tout seul.

Odile Non, probablement pas.

Didier Bien. On peut commencer à travailler un peu, maintenant?

Odile Bien sûr. Je suis prête!

Didier Bon. La série de pubs pour le tourisme marche bien. Aucun problème de ce côté-là.

Odile Oh, c'est bien.

Didier Maintenant, parlons du prochain projet.

Odile Tu as déjà quelque chose en vue?

Didier Je pense, oui.

Odile Qu'est-ce que c'est?

Didier Il faut que j'organise une présentation pour leur montrer.

Odile *Leur* montrer? A qui?

Didier Des clients éventuels. Une œuvre de bienfaisance.

Odile Ah bon? Et ... ils s'occupent de quoi? Des pingouins en retraite? Du sauvetage de la cuisine bourgeoise? Des enfants surdoués?

Didier Ils essaient de trouver de l'argent pour les pauvres.

Odile Ah! Ça m'intéresse, ça. Je suis pauvre, moi.

Didier Non. Les *vrais* pauvres! Sans logement, sans argent, sans rien à manger.

Odile Et ... ils veulent faire une campagne de publicité?

Didier Pour le moment ils sont en train d'y penser. C'est pour ça que je veux faire bonne impression. Il faut les convaincre que c'est nous qui sommes les meilleurs.

Odile Je vois. Et ... qu'est-ce que tu veux que je fasse?

Didier Eh bien, je voudrais que tu réfléchisses à ça très sérieusement. Je veux vraiment une ligne solide. L'idée que je veux illustrer, c'est: "Nous voilà, riches ou aisés, nous menons une vie protégée, confortable. Nous savons très bien qu'il y a des pauvres, que la pauvreté existe partout, mais nous pensons: "Oh, quelqu'un d'autre n'a qu'à s'en occuper. Ce n'est pas mon problème". Tu vois?

Odile Oui, oui.

Didier Quelque chose sur le thème: "Nous sommes ensemble sur cette terre. Qu'est-ce que nous faisons ici?"

Odile Où?

Didier Ici. Vivants. Sur cette planète. Nous sommes ici pour nous aider les uns les autres. Nous n'avons pas le droit de laisser ça aux autres. Nous devons nous entraider.

Odile Et le gouvernement? Les hommes politiques? C'est leur travail, ils sont là pour ça.

Didier Bon alors, justement. On pourrait prendre l'exemple d'un homme politique, et le montrer en posant la question: "Vous vous demandez si cet homme va apporter son aide? Non, désolé. Il est trop occupé." Ensuite, on montre un homme d'affaires, en disant: "Et lui, est-ce qu'il est prêt à aider? Non, il est trop occupé à gagner de l'argent. Alors, qui va apporter de l'aide? Si vous ne le faites pas, *vous, personne* ne le fera." Quelque chose de fort, de frappant dans ce goût-là. Tu peux y penser?

Odile J'y pense, j'y pense. Et ça me rappelle quelque chose.

Didier Quoi?

Odile Les étudiants tunisiens.

Didier Comment ça?

Odile Si je ne les aide pas, qui est-ce qui va le faire?

Didier Oh non! Ça ne va pas recommencer!

Odile Tu l'as dit toi-même: il faut s'entraider.

Didier Mais ce n'est pas la même chose!

Odile Mais si, c'est *exactement* la même chose.

Didier Ça n'a rien à voir avec les problèmes personnels.

Odile Pourquoi sommes-nous sur terre? Pour nous entraider.

Didier Bon, enfin, tâche de m'écrire une bonne présentation.

Odile Oh, ne t'inquiète pas. Tu verras, elle sera fan-tas-tique.

EXERCICE 2: Exprimer l'incompréhension

Guide Didier a du mal à comprendre Odile. Qu'est-ce qu'on dit quand on ne comprend pas bien quelqu'un?

Elle Je m'ennuie. J'ai envie de faire quelque chose d'un peu fou pour mettre un peu d'ambiance.

Lui Pardon?

* * *

Elle J'ai envie de faire une chose un peu farfelue, un peu folle.

Lui Excusez-moi, je n'ai pas compris.

* * *

Elle Je dis que j'ai envie de faire quelque chose de vraiment idiot, pour m'amuser un peu.

Lui Qu'est-ce que vous voulez dire? Je ne comprends pas.

* * *

Elle Eh bien, je ne sais pas, moi ... Jouer un tour à mon patron.

Lui Mais pourquoi?

* * *

Elle Comme ça, pour m'amuser. Je vais faire des blagues.

Lui Par exemple?

* * *

Elle Je vais ... mettre de la colle sur sa chaise.

Guide Qu'est-ce qu'elle dit? Je ne comprends pas tous les mots, mais aujourd'hui ce n'est pas le plus important. Ce qui m'intéresse, c'est ce qu'on dit quand on ne comprend pas quelqu'un.

Lui Je ne vous suis pas. Vous allez mettre *quoi* sur sa chaise?

* * *

Elle De la colle.

Lui Mais pourquoi?

* * *

Elle Je vous l'ai dit. Pour rire un peu.

Lui Comment ça?

* * *

Elle Eh bien, il ne pourra pas se lever, et il restera collé à sa chaise toute la journée. Ça devrait être drôle, non?

Lui Je vois, je vois. Je comprends. Mais je ne sais pas si le patron trouvera ça très drôle, lui.

Guide Bon. A l'avenir, je saurai un peu mieux demander aux gens de m'expliquer ce que je n'ai pas compris.

SCENE 3: Dans l'appartement d'Odile et de Delphine

Karim Oh, merci, Odile. Tu es vraiment gentille.

Odile Attends! Je n'ai pas dit que je m'occuperais de tout. J'ai seulement dit que j'aiderais.

Karim Je sais. Mais je te remercie quand même.

Delphine Moi aussi, je ferai tout mon possible pour vous aider.

Odile Cette fois-ci, je ne peux pas délaisser mon travail. Didier a déjà été très gentil, mais il aime bien que je travaille aussi, de temps en temps.

Karim Même si tu ne peux nous aider qu'un tout petit peu, c'est déjà très important.

Odile Au moins, je l'ai déjà fait une fois. Je sais un peu quoi faire.

Delphine Ça ne changera pas la face du monde, mais si ça peut changer la vie de quelques étudiants, ça vaut la peine.

Karim Si vous pouviez faire ça, ce serait formidable.

Odile Bon, première étape. Par quoi est-ce qu'on commence?

Karim Eh bien, je ne sais pas, il faudrait d'abord trouver le nom des autres étudiants, et contacter les sociétés qui avaient accepté de ...

Odile Allô? Je voudrais téléphoner en Tunisie, s'il vous plaît. Qui est-ce qui va payer pour tous ces coups de téléphone?

Karim Je ne sais pas, mais ça va coûter une fortune.

Odile On verra ça plus tard. Quand la note arrivera ... Allô? Oui ... Je voudrais une communication avec avis d'appel pour monsieur Habib, s'il vous plaît ... Alors le numéro c'est le ... Merci ...

EXERCICE 3: Comprendre les problèmes des autres

Guide Un appel en Tunisie avec avis d'appel. D'accord. Maintenant j'aimerais entendre les différentes manières de montrer à quelqu'un que l'on comprend ses problèmes.

Lui Pauvre Gisèle. Elle a vraiment des problèmes en ce moment. Son mari est au chômage. Sa maison lui coûte trop cher. Elle n'arrive plus à payer ses impôts. Remarquez, elle n'est pas la seule ... Et en plus, la société où elle travaille est en difficulté. Alors il faut compatir, montrer qu'on la comprend: "Je sais ce que c'est, je vous comprends, je n'en doute pas, c'est sûr. Je comprends tout à fait, je vous crois."

Elle Je ne sais pas si j'aurai du travail l'année prochaine. Ma société est presque en faillite. C'est terrible.

* * *

Lui Oui. Je sais ce que c'est. La même chose m'est arrivée l'année dernière.

Elle Et ces fichus impôts. Ils veulent me prendre jusqu'au dernier centime.

Lui Oh, je vous comprends.

Elle Je ne sais pas comment je vais faire. Ça coûte une fortune d'entretenir cette maison. C'est vraiment très cher.

* * *

Lui Ça, je n'en doute pas.

Elle Et mon mari est au chômage. Je ne sais vraiment pas comment on va s'en sortir.

* * *

Lui Ah, ce sont des moments difficiles à passer, c'est sûr.

Elle En tout cas, c'est gentil à vous de m'écouter et d'être aussi compréhensif.

Guide Bien, Odile a décidé de s'occuper de ce programme d'échanges. Maintenant, il va falloir qu'elle le dise à Didier.

SCENE 4: **L'agence de publicité**

Didier Odile.

Odile Oui?

Didier Cette présentation. Pour les pauvres.

Odile Ne te fâche pas. Elle est faite. Je l'ai mise sur ton bureau.

Didier Je sais. Je l'ai vue. Mes compliments. C'est excellent. C'est vraiment bien.

Odile Merci.

Didier C'est ce que tu as fait de mieux jusqu'à présent.

Odile C'est vrai? Merci. Euh ... Didier.

Didier Oui.

Odile Je peux prendre ma journée de demain?

Didier Pourquoi? Parce que je te dis que tu as fait du bon travail ...?

Odile Non, ce n'est pas ça.

Didier Oh, je sais. C'est encore tes bonnes œuvres. Ton groupe d'étudiants tunisiens en détresse.

Odile Exactement.

Didier Bon. D'accord.

Odile Merci.

Didier Qu'est-ce que tu vas faire alors, demain?

Odile J'ai six rendez-vous en tout. Deux organisations internationales, trois ambassades et quelqu'un de la section des Relations Internationales.

Didier Eh bien, bonne chance.

Odile Merci.

Didier Dans mon jeune temps, quand j'étais représentant, je trouvais que quatre rendez-vous dans la journée, c'était le grand maximum.

Odile On verra bien!

Didier En tout cas, à mon avis tu perds ton temps. Tu es faite pour la publicité, pas pour les bonnes œuvres.

EXERCICE 4: Réponses vagues

Guide Didier n'est pas particulièrement content qu'Odile prenne du temps libre. Il l'a exprimé sans le dire. C'est très utile, quelquefois, de ne pas dire clairement "oui" ou "non".

Elle Il ne faut pas que je parle de prix. Il ne faut pas que j'accepte le prix tout de suite.

Lui Bien, parlons du prix. Il faut bien en parler, hein? Alors, le prix courant pour ce genre d'article est de trois mille cinq cents francs.

Elle Ah bon.

* * *

Lui Qu'est-ce que vous en dites?

Elle Eh bien, je vais réfléchir.

* * *

Lui Dans ce cas, nous pouvons baisser de cinq cents francs. Qu'est-ce que vous en pensez?

Elle Moins c'est cher, mieux c'est, évidemment.

* * *

Lui Ça dépend. Combien comptiez-vous mettre?

Elle Je n'y ai pas encore bien réfléchi.

* * *

Lui Vous devez bien avoir une idée, quand même. Un peu plus? Beaucoup moins?

Elle Il faut voir. Ça demande réflexion.

* * *

Lui Je pense que trois mille francs est un prix correct. Vous ne trouvez pas?

Elle Ça dépend.

* * *

Lui De quoi?

Elle De beaucoup de choses. Il faut tenir compte de tout, étudier tous les détails.

Lui Oui?

Elle Et une fois que j'aurai fait ça, je serai en mesure de vous donner une réponse plus précise.

* * *

Lui Bon, très bien.

Guide Alors, aujourd'hui, Odile doit aller voir des ambassades et différentes organisations. Ecoutons.

SCENE 5: La section des Relations Internationales

Odile Bon. On a bien tout?

Karim Les noms et adresses des étudiants. La liste de leurs spécialités. La ventilation des frais. La liste des mesures qu'on peut envisager.

Odile Ça devrait être tout.

Le portier Messieurs-dames, s'il vous plaît? Où allez-vous?

Odile Nous avons un rendez-vous. Avec monsieur Leclerc.

Le portier Vous avez un formulaire vert?

Odile Un quoi?

Le portier Un laissez-passer vert.

Odile Non.

Le portier Ah, vous ne pouvez pas entrer sans laissez-passer. Qui est-ce que vous voulez voir?

Odile Monsieur Leclerc.

Le portier Et il ne vous a pas envoyé de laissez-passer?

Karim Qu'est-ce qui se passe?

Odile Il paraît qu'il faut un laissez-passer pour entrer.

Karim Attends, il me semble qu'il y avait quelque chose dans la lettre. Une sorte de carte. Tiens, voilà.

Odile C'est ça que vous voulez dire?

Le portier C'est ça.

Odile Alors, ça va maintenant, on peut y aller?

Le portier Ah, mais il n'y en a qu'un. Il vous en faut deux. Un par personne.

Karim Mais pourquoi?

Le portier Sécurité.

Odile Ecoutez, notre lettre prouve bien qu'on a rendez-vous.

Le portier Bon, ça va, mais quand vous verrez M. Leclerc demandez-lui un laissez-passer. Vous ne pouvez pas sortir si vous n'en avez pas.

Odile Merci. Par où est-ce qu'il faut passer?

Le portier Tournez à droite en haut des escaliers, ensuite encore à droite et vous trouverez les ascenseurs. C'est au troisième étage, Bureau 307.
Eh! Attendez, s'il vous plaît.

Odile Oui?

Le portier Je peux voir votre sac? ... Oui ... et le vôtre?

Karim Le mien aussi?

Le portier D'accord.

Odile Eh bien, j'espère que M. Leclerc sera un peu plus facile!

M. Leclerc Non, je suis navré. Je ne peux vraiment rien faire pour vous.

Odile Alors il n'y a aucun moyen d'obtenir de l'argent du gouvernement?

Leclerc En tout cas, sûrement pas cette année. Si vous envoyez une lettre avec tous les détails au service concerné, on pourrait peut-être envisager ça pour l'année prochaine, ou l'année suivante. Mais je ne suis pas très optimiste.

Odile Autrement dit, ce n'est pas la peine d'espérer une aide financière?

Leclerc Oh non, il ne faut pas y compter.

Odile Ni une aide administrative?

Leclerc Qu'est-ce que vous entendez par là?

Odile Eh bien, par exemple, vous mettriez une ou deux personnes à notre disposition pour nous aider à organiser tout ça. Je ne sais pas, peut-être une journée ou deux, ou même une semaine?

Leclerc Non, vraiment, il n'en est pas question. Notre personnel a déjà beaucoup trop à faire.

Odile Et vous ne pourriez pas nous accorder un statut officiel?

Leclerc C'est-à-dire?

Odile Ce que je veux dire, c'est que les choses seraient beaucoup plus faciles pour nous si nous avions une espèce de statut officiel. Si vous nous donniez un soutien officiel.

Leclerc Ah, je vois ce que vous voulez dire, oui.

Odile Ce serait plus facile de parler aux gens et de les convaincre, si notre action était officiellement reconnue.

Leclerc Ecoutez, je ne demande qu'à vous aider, mais vraiment nous ne pouvons pas accorder une aide officielle à une initiative privée comme la vôtre.

Odile Pas très accommodant, ce monsieur.

Karim Non. Les bureaucrates sont bien les mêmes partout.

Odile On aura peut-être plus de chance dans les ambassades.

Karim En tout cas on ferait bien de se dépêcher. On est déjà en retard pour le prochain rendez-vous.

Le portier Excusez-moi.

Odile Oh, re-bonjour.

Le portier Le laissez-passer vert, s'il vous plaît.

Karim Oh, qu'est-ce que j'en ai fait? Ah, le voilà!

Le portier Et l'autre?

Odile Oh zut. Nous avons oublié d'en demander un à M. Leclerc.

Le portier C'est valable pour une seule personne, ça, pas deux.

Odile Mais vous nous avez vus entrer ensemble.

Le portier Oui. Mais je vous l'ai bien dit: vous ne pouvez pas sortir sans laissez-passer vert.

Odile Oh, la barbe!

Karim Il faut faire quelque chose, et vite. On va être en retard pour Chédid.

Odile Bon, écoute, tu vas le voir tout de suite. Moi, je vais essayer de trouver un laissez-passer quelque part et ensuite j'irai directement au rendez-vous suivant. D'accord?

Karim OK. A tout à l'heure. J'espère que tu n'auras pas de problèmes pour sortir.

Leclerc Entrez.

Odile C'est encore moi, M. Leclerc.

Leclerc Qu'est-ce qui se passe? Vous avez oublié quelque chose?

Odile Oui. Je ne peux pas sortir. Il me faut un laissez-passer vert.

Leclerc Oh, bien sûr. C'est le système de sécurité qui veut ça. Je vais vous en trouver un. Je croyais vous en avoir envoyé un dans ma lettre.

Odile Oui. Mais vous n'en avez envoyé qu'un. Et nous sommes venus à deux.

Leclerc Ah, mais oui. Excusez-moi. C'est de ma faute.

EXERCICE 5: Deviner (1)

Guide Odile et Karim ont des difficultés. Il y a une chose importante quand on ne comprend pas une langue, c'est de savoir deviner. Je voudrais m'exercer un peu à le faire. Commençons par écouter.

Lui Mesdames et ... Je suis heureux de voir autant de ... ici ce ... J'ai promis de ne pas parler trop ... donc je m'efforcerai d'être ... Je voudrais seulement remercier toutes les personnes qui ont travaillé tellement ... pour faire de cette soirée une ...

Guide Maintenant j'aimerais réentendre ce discours.

Lui Bonsoir, Mesdames et ...

Elle Messieurs, chers amis?

* * *

Lui Messieurs. Je suis heureux de voir autant de ...

Elle Monde? Visages connus?

* * *

Lui Autant de monde ici ce ...

Elle Après-midi? Soir?

* * *

Lui Soir. J'ai promis de ne pas parler trop ...

Elle Longuement? Longtemps?

* * *

Lui Longuement, donc je m'efforcerai d'être ...

Elle Concis? Bref?

* * *

Lui Bref. Je voudrais seulement remercier toutes les personnes qui ont travaillé ...

Elle Dur? Diligemment? Bien?

* * *

Lui Dur pour faire de cette soirée une ...

Elle Occasion? Réussite?

* * *

Lui Réussite.

Guide Tiens! Odile est de retour au bureau maintenant et elle est encore en train de téléphoner.

SCENE 6:	**L'agence de publicité**
Odile	Madame Besse? Je m'appelle Odile Vallier. Je vous téléphone de la part de Jean Gramont, du Centre de Formation Industrielle. Je cherche des postes pour deux étudiants tunisiens en électronique, dans le cadre d'un programme d'échanges. Ils travailleraient comme stagiaires. Je pensais que votre entreprise serait peut-être en mesure de m'aider. Oui. C'est ça. Tunisiens. Non. C'est-à-dire qu'il y avait un programme officiel, mais il a été supprimé. Alors nous essayons de le poursuivre. Oui, bien entendu. Oui. Tous les détails par écrit. Et après, je peux vous rappeler? Vendredi? Très bien. Alors merci, au revoir. Oh, bonjour Didier. Je ne t'avais pas vu entrer.
Didier	Bonjour, jeune fille. On a à parler, tous les deux.
Odile	Ah oui?
Didier	Oui. D'abord, où en est cette affaire des étudiants tunisiens?
Odile	Pas très loin! Je ne suis pas beaucoup plus avancée.
Didier	Tu as réussi à obtenir un soutien du ministère?
Odile	Non, aucun.
Didier	Et les ambassades?
Odile	Non. Ils sont en train de réfléchir mais ça m'étonnerait qu'ils nous aident.
Didier	Alors, qu'est-ce que tu vas faire maintenant?
Odile	Eh bien maintenant, je vais contacter plusieurs sociétés. J'essaie de trouver des sociétés qui prendraient des stagiaires.

Didier Et les visas et tout ça?

Odile Là, les sociétés peuvent nous aider en fournissant des cartes de travail. Pour les visas, il n'y a pas de problème.

Didier Et qui est-ce qui va payer les frais de voyage?

Odile Eh bien, on espère que ce sera les sociétés. Les stagiaires pourraient les rembourser plus tard.

Didier Et, où est-ce qu'ils étudieront?

Odile Oh, dans des instituts techniques, probablement. C'est à organiser.

Didier Et pour le logement?

Odile Ça, ce sera difficile. Mais on devrait pouvoir trouver des lits pour tout le monde.

Didier Je vois. Je ne sais pas si tu t'en rends compte, mais c'est en train de devenir un travail à plein temps, cette histoire.

Odile Oh! Quand même pas. Je les aide un peu, c'est tout.

Didier Non, non. C'est devenu un travail à plein temps, et ce n'est pas pour ça que je te paie.

Odile Mais tout mon travail est fait. Rien n'est en retard.

Didier Non. C'est vrai.

Odile Je fais mon travail.

Didier Oui.

Odile Eh bien, alors?

Didier Oui, mais pour combien de temps? Ton programme t'absorbe de plus en plus. Et ça ne fera qu'empirer. Et moi je ne peux pas te payer pour quelqu'un d'autre.

Odile Où veux-tu en venir exactement, Didier?

Didier A ça. Il faut que tu choisisses. Je ne voudrais vraiment pas te voir partir. Mais si tu veux continuer à travailler ici, tu travailles pour moi et cette société, pas pour des étudiants tunisiens, grecs ou javanais.

Odile Bon, très bien.

Didier C'est à toi de choisir.

Guide Pauvre Odile! Ça va mal!

Cassette 2 Face 2

Radio Energie

SCENE 1: Dans l'appartement d'Odile et de Delphine

Delphine Salut. Il y a du nouveau?

Odile J'ai horriblement mal aux pieds.

Delphine Et à part ça, tu as eu des réponses positives?

Odile Pas beaucoup, non. Une ou deux, c'est tout. J'ai l'impression que les plus faciles à placer ce sont les électroniciens. Pour la banque, c'est déjà plus difficile. Quant aux pharmaciens ...

Delphine Ecoute. J'ai réfléchi.

Odile Ah ah! Et alors?

Delphine Tu as déjà consacré à cette histoire beaucoup d'efforts, et de temps.

Odile Et d'argent.

Delphine Et d'argent. Et qu'est-ce qui en résulte? Pas grand-chose.

Odile Jusqu'à maintenant, rien. Vraiment rien. Alors tu penses qu'on devrait tout arrêter?

Delphine Si nous arrêtons maintenant, nous ne perdrons qu'un peu d'argent. Si nous continuons, nous allons nous enfoncer de plus en plus.

Odile Ça, c'est très possible, oui.

Delphine Et toi, qu'est-ce que tu en penses?

Odile Eh bien, c'est dommage d'arrêter maintenant, après tout ce travail. Mais tu as sans doute raison.

Delphine Oh, je ne sais pas ... Allez viens, va. En attendant, allons boire un verre.

Odile Bonne idée. Au fait, où est Karim?

Delphine Au cours du soir.

Odile Ah oui, c'est vrai. Bon, attends une seconde, je vais chercher mon manteau. Oh, zut!

Delphine J'y vais. Allô? Oui, elle est là. Je vous la passe.

Odile Allô? Oui, c'est elle-même. Ah oui? C'est vrai? C'est gentil! Quand? Le vendredi 8 de ce mois-ci? Oui? Oui, oui. Et, ça devrait prendre combien de temps? Mmmm ... Ce sera en direct ou un enregistrement? Oui. Bon, très bien. J'aimerais beaucoup, oui. Attendez. Une seconde, je vais chercher un papier et un crayon. Oui. D'accord. Je demanderai à l'entrée. A quelle heure? Onze heures trente. Entendu. J'y serai. Merci. Au revoir. C'était la Radio NRJ.

Delphine Qui?

Odile Tu sais. L'émission de radio. Sur Radio NRJ.

Delphine Ah oui. Qu'est-ce qu'ils voulaient?

Odile Ils veulent m'interviewer le vendredi 8. On est le combien, aujourd'hui?

Delphine Le 6.

Odile Oh, c'est après-demain.

Delphine Dis donc, c'est formidable!

Odile Ils ont entendu parler de ce qu'on est en train de faire, et ils veulent qu'on en parle à la radio.

Delphine Tu imagines la publicité que ça va nous faire!

Odile Oh oui, tu penses!

Delphine Des milliers de gens vont être au courant maintenant.

Odile Viens. Allons boire un verre pour fêter ça.

Delphine Tu peux leur demander de l'aide, aux gens. Tu peux leur demander des idées ...

Odile C'est bien ce que j'ai l'intention de faire! Je vais les *supplier* de m'aider!

EXERCICE 1: Les dates

Guide Enfin, une bonne nouvelle pour Odile et ses amis! Il y avait des dates dans cette conversation. Je ne suis pas sûre de pouvoir donner ou lire des dates. J'aimerais bien m'exercer.

Elle 22.10.

* * *

Lui Le 22 octobre.

Elle 3.3.

* * *

Lui Le 3 mars.

Elle 31.1.

* * *

Lui Le 31 janvier.

Elle 4.7.

* * *

Lui Le 4 juillet.

Elle 25.12.

* * *

Lui Le 25 décembre.

Elle 12.4.

* * *

Lui Le 12 avril.

Elle 1.1.

* * *

Lui Le 1er janvier.

Elle 7.8.

* * *

Lui Le 7 août.

Elle 5.6.

* * *

Lui Le 5 juin.

Elle 21.5.

* * *

Lui Le 21 mai.

Guide Bon. Je crois que ça va. Nous sommes le vendredi 8 maintenant. Odile est dans les studios de la station de radio.

SCENE 2: Dans les studios de Radio NRJ

Julien Mademoiselle Vallier?

Odile Oui.

Julien Bonjour. Je suis Julien Fauré, l'assistant-réalisateur.

Odile Bonjour.

Julien Je suis désolé de vous avoir fait attendre.

Odile Mais non, pas du tout.

Julien On va prendre les escaliers. Le studio est au premier étage, et les ascenseurs sont d'une lenteur!

Odile D'accord.

Julien Vous connaissez Michel Sabatier?

Odile Non. J'ai seulement entendu sa voix. A la radio.

Julien Ah ... vous écoutez nos émissions, alors?

Odile Mais bien sûr, comme tout le monde!

Julien Eh bien, j'espère, en tout cas!

Odile En fait, moi, je travaille dans la publicité. On a déjà fait passer plusieurs annonces sur votre antenne.

Julien Ah oui? Vous travaillez avec qui?

Odile Publi-Six. Didier Languereau. Vous connaissez?

Julien Non. A vrai dire je ne m'y connais pas tellement en publicité. Moi je ne m'occupe que des programmes. Les deux sont complètement séparés.

Odile Oui, bien sûr.

Julien Bon. Il ne faut plus faire de bruit maintenant. La lumière rouge est allumée.

Odile D'accord.

Julien Vous voulez un café?

Odile Oh oui, je veux bien.

Julien Noir ou au lait?

Odile Noir, s'il vous plaît.

Julien Vous prenez du sucre?

Odile Oui. Deux morceaux. Merci.

Julien Oh, cette machine! Elle fait du café infect! Bon, ça va. On peut faire du bruit, maintenant.

Odile C'est ça le studio?

Julien Oui. Voilà la place du réalisateur. L'interview se passera ici, derrière la vitre.

Odile C'est Michel Sabatier, là-bas?

Julien Oui, c'est lui. Asseyez-vous.

Odile	Merci.
Julien	Il va nous rejoindre dans une minute. Ah, Michel. Je te présente Odile Vallier.
Michel	Bonjour, Odile. Enchanté.
Odile	Bonjour.
Michel	Vous êtes servie en café?
Odile	Oui, merci.
Julien	Odile travaille dans la publicité. Elle dit qu'elle a déjà utilisé notre antenne pour des annonces.
Michel	Ah oui?
Odile	Oui, oui.
Michel	Ah, eh bien c'est parfait, alors. On est en famille!
Odile	Oui.
Michel	Bien, alors, nous allons faire une interview d'un quart d'heure environ, qui passera deux fois. Une fois dans l'émission du matin après les informations de onze heures, et une autre fois dans l'émission du soir.
Odile	Et ce sera enregistré?
Michel	Oui, oui.
Odile	Tant mieux. Comme ça, si je fais une erreur, vous pourrez couper.
Michel	Eh bien, si ce n'est vraiment pas clair, oui. Mais on ne veut rien arranger. On veut enregistrer en une seule fois.
Odile	Oui, je comprends.
Michel	S'il y avait vraiment quelque chose qui n'allait pas, là on rectifierait l'interview et on recommencerait tout.
Odile	J'espère que tout se passera bien.

Michel Oui. C'est la première fois que vous venez dans une station de radio?

Odile Oui, c'est la première fois.

Michel Eh bien, venez. Voilà. Apportez votre café.

Odile D'accord.

Michel Julien, tu peux appeler Nadine?

Julien Elle arrive tout de suite. Elle a dit cinq ou dix minutes.

Michel Ah bon, très bien. Nadine est la réalisatrice de l'émission. On peut répéter l'interview, en l'attendant.

Odile Très bien.

Michel Tenez. Asseyez-vous là-bas. Bon, maintenant, on va essayer votre voix dans le micro.

Odile Je me place à quelle distance? Comme ça?

Michel L'important, c'est de vous installer confortablement. Une fois que vous êtes bien installée, ne bougez pas trop. Ne tournez pas la tête, ne déplacez pas votre chaise, ne froissez pas de papier. Le micro l'enregistrerait.

Odile D'accord.

Michel Julien?

Julien Oui?

Michel On peut faire un essai de voix?

Julien OK.

Michel Alors, Odile, vous m'avez dit que vous travaillez dans la publicité?

Odile C'est exact.

Michel Et vous faites de la publicité pour quoi?

Odile Oh, un peu de tout. Vous vous souvenez peut-être d'une série d'annonces pour le tourisme en Tunisie. Elle était passée pendant votre émission.

Michel Ah oui! Je m'en souviens.

Odile Eh bien, c'était une des nôtres.

Michel Vous travaillez sur quoi, en ce moment?

Odile Nous préparons une campagne destinée à récolter de l'argent, pour une organisation charitable qui s'occupe des défavorisés.

Michel Ça va, Julien?

Julien Odile, vous parlez un peu trop fort. Vous êtes trop près du micro.

Michel Reculez-vous un peu.

Odile Comme ça?

Michel Oui. Ça ira très bien. Alors, pour ce qui est de l'interview elle-même: dans la première partie je vous poserai des questions sur le programme dans son ensemble. Qu'est-ce qui vous a poussé à vous en occuper?

Odile Eh bien, en fait, c'est dans votre émission que j'en ai entendu parler la première fois. C'était une conversation entre vous et le professeur Merle.

Michel Ah, c'est très intéressant, ça. Bien. Maintenant le plan du programme: de quoi il s'agit, à qui il s'adresse, son but, etc.

Odile Entendu.

Michel Ensuite, dans la seconde partie, je vous demanderai comment les gens peuvent vous aider. Ce que vous voulez. Où ils peuvent envoyer de l'argent. Etc.

Odile Très bien.

Michel OK. On va faire un essai. Dans le studio, aujourd'hui, nous avons une jeune femme. Elle s'appelle Odile Vallier, et elle va nous parler …

EXERCICE 2: Entamer la conversation

Guide Ce qui m'a intéressée, c'est l'habileté avec laquelle les animateurs de radio engagent une conversation. Je voudrais des exemples.

Elle Pourquoi est-ce que vous n'allez pas lui parler?

Lui Qui est-ce?

Elle Yves Dagan. Il est ingénieur commercial.

* * *

Lui Monsieur Dagan? Bonjour. On m'a dit que vous étiez ingénieur commercial?

Elle Madame Lebeau, maintenant. Là.

Lui Qu'est-ce que vous savez d'elle?

Elle Elle vient d'arriver de Hong Kong.

* * *

Lui Madame Lebeau? Bonjour, Madame. Vous venez d'arriver de Hong Kong, paraît-il?

Elle Monsieur Bertin. C'est un de nos voisins.

* * *

Lui Bonjour. Monsieur Bertin? Il paraît que nous sommes voisins?

Elle Tenez, monsieur Gosselin. Il aime beaucoup les échecs.

* * *

Lui M. Gosselin? Bonjour. C'est bien vous qui jouez aux échecs?

Elle Là. Monsieur Guérault. Il cultive des orchidées.

* * *

Lui Monsieur Guérault. Bonjour. C'est vrai que vous cultivez des orchidées rares?

Elle Madame Bériot maintenant. Sa fille est passée à la télévision, là.

* * *

Lui Bonjour, Mme Bériot. Ce n'est pas votre fille qui est passée à la télévision la semaine dernière?

Guide Bien. Maintenant, allons voir comment progresse l'interview d'Odile à la radio.

SCENE 3: Dans les studios de Radio NRJ

Michel Aujourd'hui, j'ai à mes côtés dans le studio une très jolie jeune femme. Elle s'appelle Odile Vallier.

Odile Bonjour.

Michel Odile s'occupe d'un programme d'échanges destiné à de jeunes Tunisiens, et ce, grâce à une émission qu'elle a entendue récemment sur Radio NRJ. C'est bien ça, Odile?

Odile Oui, oui. C'est ça. J'ai entendu parler le professeur Merle dans une de vos émissions. Il parlait d'un programme d'échanges et il expliquait que le gouvernement l'avait supprimé. Et, en l'entendant, je me suis dit: puisque le gouvernement refuse de poursuivre ce programme, pourquoi est-ce qu'on ne s'en occuperait pas nous-mêmes?

Michel Ah, le pouvoir des ondes! Vous pouvez nous dire en quoi consiste ce programme d'échanges exactement?

Odile Eh bien, il s'agit de faire venir ici de jeunes étudiants. Ils font des stages dans différentes sociétés et ils suivent des cours du soir. Ils travaillent dans des domaines très divers: l'ingénierie, le tourisme, la banque, la pharmacie. En général les études durent deux ans.

Michel Vous me disiez tout à l'heure qu'avant, c'était le gouvernement qui s'occupait de tout ça.

Odile C'est exact. Et puis, cette année, d'un seul coup, ils ont tout supprimé.

Michel Alors, vous avez pris le relais.

Odile Exactement, oui. Avec deux amis. D'ailleurs je regrette que mon ami, Karim Ben Moussa, ne soit pas des nôtres. Il est tunisien et il s'occupe activement de tout organiser avec moi et une autre amie.

Michel Et quelle est l'attitude du gouvernement? Est-ce qu'ils vous ont aidés?

Odile Non. Ils sont très compréhensifs. Ils nous souhaitent bonne chance, ils espèrent que nous réussirons. Mais pratiquement, concrètement, ils ne peuvent rien faire pour nous.

Michel Maintenant, qui sont les jeunes gens concernés par ce programme d'études? Quel âge ont-ils?

Odile La plupart d'entre eux ont entre vingt et vingt-deux ans. Ils ont fini leur ...

Michel ... alors, qu'est-ce qu'on peut faire pour vous aider?

Odile Essentiellement, deux choses. D'abord, nous cherchons des entreprises d'accueil, qui seraient prêtes à prendre des étudiants comme stagiaires pour qu'ils apprennent leur métier.

Michel Des entreprises d'accueil. Oui ...

Odile Et deuxièmement, il nous faut des logements. Un endroit où ces étudiants pourraient habiter pendant leur séjour ici.

Michel Mais pas tous ensemble, quand même?

Odile Non, non. Nous cherchons des familles qui pourraient héberger un ou deux étudiants, leur fournir un lit, et leur permettre d'utiliser la cuisine et la salle de bains. En échange, les étudiants paieraient une petite contribution. Ils pourraient aussi aider leurs hôtes, par exemple en gardant les enfants, en faisant du jardinage ou des réparations dans la maison ou l'appartement.

SCENE 4: Dans l'appartement d'Odile et de Delphine

Odile (à la radio) En échange, les étudiants paieraient une petite contribution. Ils pourraient aussi aider leurs hôtes, par exemple en gardant les enfants, en faisant du jardinage ou des réparations dans la maison ou l'appartement.

Karim J'ai trouvé que tu étais parfaite.

Odile Merci.

Delphine Oui. Moi aussi. Je t'ai trouvée formidable.

Karim Tu avais le trac?

Odile Oui. Beaucoup.

Karim Pourtant, ça ne s'entendait pas du tout.

Odile En tout cas il est très bien, ce type, Michel Sabatier. Il connaît bien son métier.

Delphine Il t'a parlé après l'émission?

Odile Oui, un peu.

Delphine Qu'est-ce qu'il t'a dit?

Odile Oh, rien de spécial. Il a été très gentil.

Delphine On avait l'impression qu'il t'aimait bien.

Odile Oh, tu sais, ça fait partie de son travail, de mettre les gens à l'aise, de les faire parler.

Delphine Non. Il avait l'air plus chaleureux, plus intéressé que d'habitude.

Odile Ah bon? Tu crois?

Delphine C'est ce qu'il m'a semblé. Pas à toi, Karim?

Karim Je n'ai pas remarqué. Je ne l'avais jamais entendu avant.

Odile Bon, moi, il est temps que je prenne mon bain et que j'aille me coucher.

Delphine Tu veux que je te fasse un café, un thé?

Odile Non, merci.

Delphine Ah, au fait.

Odile Oui?

Delphine Tu auras l'appartement pour toi toute seule, ce week-end.

Odile Comment ça?

Delphine Tu seras toute seule. Je serai partie, et Karim aussi.

Odile Pourquoi? Tu retournes chez toi?

Delphine Oui. Ma mère m'a téléphoné. C'est l'anniversaire de mon père et je veux être là pour lui souhaiter bon anniversaire. Et Karim va venir avec moi. On part demain après-midi.

Karim Euh ... Delphine, je voulais te dire ...

Delphine Quoi?

Karim Je ne peux pas aller chez tes parents.

Delphine Mais tu m'avais dit que ...

Karim Je sais. Mais j'ai du travail à faire, et il faut que je le finisse.

Delphine Mais tu peux travailler là-bas!

Karim Non, c'est beaucoup plus pratique pour moi de travailler ici. Enfin, si Odile est d'accord. Odile, ça ne te dérange pas que je reste ici pendant le week-end?

Odile Bien sûr que non. Ça ne me dérange pas du tout.

Karim Oh, ce n'est pas pour longtemps, Delphine. Deux jours, c'est tout. Je ferai la connaissance de tes parents une autre fois.

Delphine Oui, mais je voulais qu'on aille les voir ensemble, ce week-end.

Odile Bon, je vous laisse discuter tous les deux. Moi, je vais prendre mon bain.

Karim Il faut absolument que je termine ce travail avant lundi.

Delphine Tu ne pourrais pas le faire là-bas demain?

Karim Non, si je pars avec toi, je suis sûr que je ne ferai rien. Et je n'aurai jamais fini pour lundi ...

EXERCICE 3: Faire répéter

Guide Oh! Tout n'a pas l'air d'aller très bien entre Odile et Karim. Heureusement, rien de très grave pour le moment. Maintenant, j'aimerais écouter les différentes manières de faire répéter quelque chose à quelqu'un.

Lui Alors. Il me faudrait toutes les informations. Date, jour, heure, coût, etc.

Elle D'accord. Alors, la date, c'est le 31 octobre, c'est un vendredi. Vous voulez que je répète?

* * *

Lui Oui, vous pouvez répéter, s'il vous plaît?

Elle Oui. Le 31 octobre.

Lui Entendu.

Elle Et l'heure: de 17h.30 à 18h.45. C'est-à-dire une heure et quart. Je répète?

* * *

Lui Oui, répétez, s'il vous plaît.

Elle Bien sûr. De cinq heures et demie à sept heures moins le quart.

Lui J'ai compris.

Elle Le prix sera de cinq mille neuf cent soixante-seize francs. Vous voulez que je répète?

* * *

Lui Oui. Je veux bien.

Elle Oui. Cinq mille neuf cent soixante-seize.

Lui OK.

Elle Et la personne à contacter quand vous arriverez là-bas, c'est mademoiselle Bourgoing, du service du personnel. C'est l'assistante du chef du personnel, je crois. Je répète?

* * *

Lui Oui, si vous voulez bien.

Elle Oui. D'accord. Alors, vous contactez l'assistante du chef du personnel. Vous avez noté le nom?

* * *

Lui Vous pourriez me redonner le nom?

Elle Oui. Bourgoing. g, o, i, n, g.

Guide Bien. Maintenant il est temps de retrouver Odile. Elle est au bureau, en train de travailler.

SCENE 5: L'agence de publicité

Didier Alors, comment ça s'est passé, cette émission de radio?

Odile Plutôt bien, je crois.

Didier Bien. Tu es en forme, alors, prête à travailler?

Odile Bien sûr. Tu sais que je suis toujours prête à travailler.

Didier Pas de coup de téléphone avec les amis tunisiens au programme?

Odile Non. J'ai bien réfléchi à ce que tu m'as dit.

Didier Ah oui. Et alors?

Odile Oui, mais quand même, ce n'est pas correct.

Didier C'est l'avenir qui m'inquiète un peu. Le mois prochain, la semaine prochaine.

Odile Justement, j'ai bien réfléchi à ça.

Didier Et quel est le résultat de tes réflexions?

Odile Eh bien je pensais ... pourquoi est-ce que tu ne me paierais pas quatre jours au lieu de cinq, pendant que je m'occupe de cette histoire?

Didier Non. Non, ça ne marcherait pas.

Odile Pourquoi?

Didier Parce qu'il me faut quelqu'un de sûr. Quelqu'un sur qui je puisse compter. Je veux pouvoir être certain que le travail urgent sera fait tout de suite, sans délai.

Odile Oh, mais tu peux compter sur moi. Je ferai toujours passer le travail avant tout. Toujours.

Didier C'est vrai? Sûr?

Odile Bien sûr. Tu peux me faire confiance.

Didier Bon. On verra bien! Allô?

Mehdi Pourrais-je parler à mademoiselle Odile Vallier, s'il vous plaît?

Didier C'est pour toi.

Mehdi Allô. Odile Vallier à l'appareil? Bonjour. Je m'appelle Mehdi. Mehdi Oufkir. Je vous ai entendue à la radio hier ... C'est Michel Sabatier de Radio NRJ qui m'a donné votre nom, et je ...

Odile Oui, écoutez. Est-ce que je peux prendre votre numéro de téléphone et vous rappeler?

Mehdi OK.

Odile Je suis assez occupée, là. Je n'ai pas beaucoup de temps.

Mehdi Bon, d'accord. Vous avez un crayon?

Odile Oui.

Mehdi Alors, mon numéro, c'est le 607-48-63.

Odile Bien. J'ai noté. Je vous rappellerai. Au revoir. Je m'excuse. Je ne savais pas ...

Didier Ce n'est pas grave. Ce n'était pas la peine de l'expédier si vite, ce pauvre homme!

Odile Son coup de téléphone tombait plutôt mal!

Didier Ah, n'en parlons plus. Si on se mettait au travail?

Odile D'accord. Je suis prête.

Didier Ils ont bien aimé tes pubs, les gens des œuvres de bienfaisance.

Odile Ah, tant mieux!

Didier Je crois qu'ils vont se décider à faire de la publicité, et qu'ils vont nous choisir pour la campagne.

Odile Ah! C'est bien, ça!

EXERCICE 4: Apprendre a téléphoner (1)

Guide Odile passe beaucoup de temps au téléphone. Je m'exercerais bien un peu à téléphoner.

Lui Il faut que j'appelle FR3. J'aimerais parler à monsieur Mercadier.

Elle Allô?

* * *

Lui Allô? Vous êtes bien FR3?

Elle Pardon?

* * *

Lui Vous êtes bien FR3?

Elle Oui.

* * *

Lui Pourrais-je parler à monsieur Mercadier, s'il vous plaît?

Elle Son poste est occupé. Vous voulez patienter?

* * *

Lui Oui. D'accord.

Elle Allô? A qui voulez-vous parler?

* * *

Lui A monsieur Mercadier, s'il vous plaît!

Elle Oui. Ne quittez pas. Je vous le passe.

Lui Ah, zut!

Elle Allô?

* * *

Lui Allô, FR3?

Elle Oui.

* * *

Lui J'ai été coupé.

Elle Ah, je suis désolée, Monsieur. A qui désirez-vous parler?

* * *

Lui J'aurais voulu parler à monsieur Mercadier.

Elle Un instant. Je crois que monsieur Mercadier est sorti. Je pense qu'il rentrera dans une heure à peu près. Vous pouvez rappeler?

* * *

Lui D'accord.

Guide Odile est encore au téléphone. Elle est en train de parler à un certain Mehdi. Celui qui l'avait appelée l'autre jour.

SCENE 6: L'appartement d'Odile et de Delphine; ensuite, dans un café

Odile Allô?

Mehdi Allô? Qui est à l'appareil?

Odile Je m'appelle Odile Vallier. Je voudrais parler à Mehdi, s'il vous plaît.

Mehdi Oui. C'est moi. Bonjour.

Odile Oh, bon. Ecoutez, je suis désolée de ne pas vous avoir appelé plus tôt.

Mehdi Bof, ça ne fait rien. C'est gentil à vous d'avoir rappelé.

Odile Je suppose que vous appeliez à propos du programme d'échanges.

Mehdi Oui, c'est ça. Je suis responsable du Comité de Rassemblement des Etudiants Marocains, et je pensais que nous pourrions peut-être nous rencontrer, pour parler. Peut-être que vous pourriez nous aider, nous aussi. Et nous, de notre côté, on pourrait vous rendre service, vous faciliter les choses.

Odile Eh bien ... oui, j'aimerais beaucoup, mais je suis vraiment très prise en ce moment, entre mon travail et le programme d'échanges ...

Mehdi Oui, bien sûr, je comprends. Mais c'était seulement pour parler avec vous, pour prendre contact.

Odile Euh ... bon, d'accord, mais ... Moi aussi j'aimerais bien vous rencontrer et parler avec vous.

Mehdi C'est formidable! Eh bien ... vous êtes libre pour le déjeuner?

Odile Quand? Aujourd'hui?

Mehdi Oui, aujourd'hui.

Odile Non, pas à l'heure du déjeuner. Il faut que je reste au bureau.

Mehdi Cet après-midi, alors. Après le travail?

Odile Bon, si vous voulez.

Mehdi Il n'y a pas un café qui s'appelle le Sélect, pas loin d'où vous êtes? Au coin de votre rue et du boulevard Saint-Michel.

Odile Oui, oui, je le connais.

Mehdi On se retrouve là-bas, alors?

Odile D'accord. Je suis libre à cinq heures.

Mehdi OK.

Odile Euh ... vous dites que vous êtes du Comité de Rassemblement des Etudiants Marocains?

Mehdi Oui, c'est ça.

Odile Qu'est-ce que c'est, exactement?

Mehdi Eh bien, une association d'étudiants, comme son nom l'indique. Rien de plus.

Odile Vous êtes nombreux?

Mehdi Assez, oui. Au fait, l'autre jour, à la radio, vous aviez parlé de quelqu'un qui travaille avec vous … Karim … quelque chose …

Odile Oui, oui, c'est juste. Karim Ben Moussa.

Mehdi Et d'où est-il?

Odile De Tunisie.

Mehdi Ah! … Eh bien, pourquoi est-ce que vous ne venez pas chez moi dimanche, avec lui? On sera plusieurs. Ce serait sympa. On pourrait parler …

Odile Je ne sais pas. Je crois qu'il a du travail à faire ce week-end-ci, mais je lui demanderai.

Mehdi OK.

Odile Mehdi … vous disiez tout à l'heure que vous pouviez nous aider?

Mehdi Mais oui. On peut s'aider mutuellement.

Odile Comment, par exemple?

Mehdi Eh bien … nous pouvons vous aider à trouver des logements à prix raisonnable pour vos étudiants. Nous pourrions sans doute aussi vous aider à chercher des entreprises qui prendraient des stagiaires.

Odile Formidable!

Mehdi Nous pourrons même vous aider un peu financièrement.

Odile Fantastique! Et nous?

Mehdi Vous avez pas mal de contacts avec les milieux gouvernementaux, les ambassades. Vous êtes passée à la radio … Ça pourrait nous être utile.

Odile OK.

Guide Oh là là! J'espère qu'Odile ne va pas s'attirer des ennuis.

Cassette 3 Face 1

Je t'accompagne ...

SCENE 1:	**Dans l'appartement d'Odile et de Delphine**
Karim	Bonjour, Odile.
Odile	Bonjour, Karim.
Karim	Tu as bien dormi?
Odile	Oui, merci. Et toi?
Karim	Comme un nouveau-né.
Odile	Il y a du café frais dans la cafetière, si tu veux.
Karim	Merci. Tu en reprends, toi?
Odile	Oui, j'en veux bien un peu, merci.
Karim	Je pensais à ce type, qui t'a téléphoné. Du comité des étudiants, tu sais?
Odile	Oui?
Karim	Je crois qu'on devrait y aller, dimanche.
Odile	Oh, moi aussi. On pourrait régler des tas de problèmes, avec eux. Echanger des idées.
Karim	Bon, alors on y va demain après-midi?
Odile	Oui, oui. D'accord.
Karim	Et aujourd'hui?
Odile	Quoi?
Karim	Eh bien, il fait beau. Pourquoi est-ce qu'on n'irait pas se promener quelque part? Je ne sais pas, on pourrait aller pique-niquer dans un parc, ou bien aller à la piscine ..., quelque chose comme ça.
Odile	Ah oui, c'est une bonne idée.
Karim	Et puis ce soir on pourrait aller dîner quelque part. J'ai repéré un petit restaurant marocain dans le quartier, qui a l'air très bien. On pourrait peut-être l'essayer?

Odile Moi, je veux bien oui, mais ... je croyais que tu avais un travail monstre?

Karim Oui, mais enfin j'en ai fait une bonne partie hier soir. Et puis j'ai encore tout le week-end.

Odile D'accord. De toute façon tu peux travailler encore un peu ce matin, si tu veux. J'ai des courses à faire.

Karim Mais non. Je vais venir avec toi. Et je t'aiderai à porter les paniers.

Odile Non, ça va. Je peux les porter toute seule.

Karim Mais comme ça je pourrais choisir tout ce qu'il faut pour un vrai pique-nique. D'accord?

Odile D'accord!

Karim Bon. Tu es prête?

Odile Oui. Presque. Je vais juste chercher mon sac ... Ça y est. On peut y aller.

Karim Où est-ce qu'on va d'abord?

Odile On va commencer par le supermarché. Zut! le téléphone!

Karim Oh! laisse-le sonner! Si c'est important, ils rappelleront.

EXERCICE 1: Faire des suggestions

Guide Karim a l'air d'avoir des projets pour ce week-end. Il a fait des tas de suggestions. J'aimerais bien réentendre les expressions qui servent à suggérer.

Elle Je dois partir demain à Londres pour une réunion importante et je ne trouve pas mon passeport. Je ne sais pas quoi faire.

Lui Eh bien ... Tu sais où se trouve l'ambassade de Grande-Bretagne?

Elle Oui.

* * *

Lui Il y a toujours la possibilité d'aller en personne à l'ambassade et de leur expliquer.

Elle Mm.

Lui Il y a des gens qui t'attendent à Londres?

Elle Oui, ils doivent même venir me chercher à l'aéroport.

* * *

Lui Tu pourrais peut-être leur téléphoner et leur demander de t'aider sur place?

Elle Oui, c'est vrai.

Lui Il y a un télex, là où tu travailles?

Elle Oui.

* * *

Lui Tu peux toujours envoyer un télex.

Elle Bon. Tu as mentionné trois possibilités. Qu'est-ce que c'était, déjà? D'abord, quelque chose à voir avec l'ambassade?

* * *

Lui Il y a toujours la possibilité d'aller en personne à l'ambassade et de leur expliquer.

Elle Oui. Et à propos de mes contacts à Londres?

* * *

Lui Tu pourrais peut-être leur téléphoner et leur demander de t'aider sur place.

Elle Mm. Et à propos du télex?

* * *

Lui Tu peux toujours envoyer un télex.

Guide Bon. Odile et Karim étaient partis faire des courses. Ensuite, ils avaient l'intention de pique-niquer.

SCENE 2: Dans un parc

Odile Là, tu as vraiment eu une bonne idée, Karim.

Karim Mm ...

Odile C'est tellement calme ici.

Karim Oui. Et puis c'est l'endroit idéal pour pique-niquer.

Odile Mais on a déjà pique-niqué!

Karim Oui, je sais.

Odile Ne me dis pas que tu as encore faim!

Karim Pas vraiment, non. Mais on a encore un bon moment à attendre avant le dîner. Tu crois que c'est une bonne idée d'aller au restaurant ce soir?

Odile Eh bien jusqu'ici toutes tes idées ont été très bonnes. Alors autant essayer celle-là aussi!

Karim D'accord. Espérons qu'elle sera bonne aussi! ... Odile?

Odile Oui?

Karim Tu sais ... Ce n'est pas vrai que j'avais beaucoup de travail à faire, ce week-end.

Odile Non?

Karim Non. Je me suis dit d'un seul coup que ... si je restais ici ce week-end, je pourrais être avec toi. Je voulais avoir du temps pour être avec toi. Tu n'avais pas deviné?

Odile	Non. Pas du tout. J'étais même à cent lieux de m'en douter.
Karim	Je crois que Delphine s'en doute un peu. Depuis que je suis ici, je me suis rendu compte de quelque chose ...
Odile	Mais Delphine est ma meilleure amie, et ...
Karim	Je sais. Mais je me suis rendu compte que Delphine n'est rien pour moi. C'est simplement une amie que j'aime bien. Toi, c'est différent. On ne se connaît que depuis quelques jours, et pourtant je ressens pour toi beaucoup plus que de l'amitié ...
Odile	Ce n'est pas gentil pour Delphine. Ça va lui faire beaucoup de peine.
Karim	C'est mieux qu'elle le sache maintenant. Sur le coup, elle sera triste, et puis après ça ira mieux. Elle est jolie, intelligente ... Elle trouvera facilement un autre petit ami.
Odile	Oui, mais au début ...
Karim	Au début elle aura sûrement du chagrin, oui ... Elle sera même sans doute en colère. Elle m'en voudra sûrement ... A toi aussi, peut-être. Mais c'est plus honnête de lui dire tout de suite, au lieu de lui jouer la comédie. Je n'aime pas l'hypocrisie.
Odile	Pauvre Delphine!
Karim	Ecoute, je n'ai pas envie de parler de Delphine. J'ai envie de parler de toi. Qu'est-ce que tu en penses?
Odile	Je préfère ne pas y penser. Pas pour le moment, en tout cas. On rentre?
Karim	Bon, d'accord. Au fait, j'espère que tu n'as pas changé à propos du dîner de ce soir? Il faut bien manger quelque chose!
Odile	Tu as raison. Allons au restaurant!

EXERCICE 2: Exprimer le doute et l'incertitude

Guide La vie d'Odile devient de plus en plus compliquée, et je crois qu'elle ne sait pas trop quoi faire. J'aimerais bien entendre à nouveau les mots et les expressions qui servent à exprimer le doute et l'incertitude.

Elle Est-ce que tu viendras à la réunion de samedi?

Lui Peut-être. Ça dépendra du travail que j'ai à faire.

* * *

Elle Mais tu auras fini les plans avant la fin de la semaine?

Lui Sans doute, oui. Mais ce n'est pas absolument sûr.

* * *

Elle Et la semaine prochaine, tu vas à Londres?

Lui Sûrement, oui. Si j'ai fini tout mon travail.

* * *

Elle Tu crois que tu seras revenu pour la conférence, le 15 juin?

Lui Je pense que oui. En principe, je dois rester à Londres quatre jours seulement.

* * *

Elle Tu vas aller voir les Thompson pendant que tu seras à Londres?

Lui C'est possible, oui. Si j'ai le temps.

* * *

Elle Il a bien fait des études à Paris, lui, non?

Lui Ça se peut. Je ne sais pas.

* * *

Elle Et elle, elle n'avait pas fait un stage d'informatique ici, il y a quelque temps?

Lui Je crois, oui.

Guide Bon, d'accord. Maintenant, nous sommes dimanche après-midi. Je me demande comment se passe le week-end d'Odile et de Karim. Vite, allons voir!

SCENE 3: En ville

Karim Ecoute, Odile.

Odile Oui?

Karim Je ne sais pas trop ce que tu penses, toi. Mais pour moi hier c'était vraiment un des plus beaux jours de ma vie. C'est vrai ... le pique-nique, le dîner, la soirée ... J'aime même faire les courses, avec toi. Et pourtant, les courses, je déteste ça, d'habitude. Et toi, ça t'a plu?

Odile Oui, bien sûr. Ça m'a beaucoup plu.

Karim Au moins, c'est déjà ça! Je n'aurais pas voulu que ça te mette mal à l'aise.

Odile C'est vis-à-vis de Delphine que je me sens mal à l'aise.

Karim Oui, je sais ...

Odile Bon. Qu'est-ce que je leur apporte, à Mehdi et à ses amis? Des fleurs? Des chocolats? ...

Karim Non, ce n'est pas nécessaire.

Odile Je ne veux pas faire de faux pas.

Karim Mais non, sois naturelle. Ça suffira.

Odile Tu as repéré le chemin pour y aller?

Karim Oui. On passera par les quais. Ça nous fera une promenade.

Odile On y va à pied?! C'est loin?

Karim Non ... Je ne sais pas ... deux kilomètres.

Odile Deux kilomètres! On ne peut pas prendre le bus, ou le métro?

Karim Oh, ce n'est pas loin, deux kilomètres, paresseuse! Surtout qu'il fait tellement beau aujourd'hui!

Odile Bon ... d'accord.

EXERCICE 3: Deviner (2)

Guide Bon. Laissons Odile et Karim à leur promenade. J'aimerais bien savoir maintenant comment on devine ce que quelqu'un va dire.

Elle Voici la moitié d'une conversation. Je vais essayer d'en deviner l'autre moitié.

Lui Bonjour. Asseyez-vous.

* * *

Elle Bonjour? Salut? Merci? Je préfère rester debout?

Lui Voyons. Vous vous appelez bien Girard?

* * *

Elle Oui? Non, Guérard, en fait? C'est ça?

Lui Madame ou Mademoiselle?

* * *

Elle Madame? Peu importe? Ça ne vous regarde pas? Mademoiselle?

Lui Bien ... Maintenant j'ai besoin de connaître quelques détails supplémentaires. Vous avez quel âge?

* * *

Elle Quinze ans? Trente-deux ans? Quatre-vingt-quatre ans?

Lui Oui ... Et, vous êtes mariée, divorcée?

* * *

Elle Veuve? C'est important? Je ne veux pas répondre? Mariée?

Lui Vous avez des enfants?

* * *

Elle Aucun? Une fille? Un garçon et une fille? Trois filles?

Lui Et ... quel âge ont-ils?

* * *

Elle La fille a neuf ans et le garçon onze ans? Ils ont tous les trois quarante-deux ans? Elle a treize ans?

Lui Neuf et onze ... Bon ... Et qu'est-ce que vous faites comme métier?

* * *

Elle Je suis dans la politique? En ce moment je suis au chômage? Expert-comptable? Informaticienne? Je travaille à la SNCF?

Lui Dans l'informatique. Oui. Et, ça fait longtemps que vous faites ce métier?

* * *

Elle Vingt ans? Cinq ans? Depuis hier?

Lui Bon. Parfait. Ah! J'aimerais aussi connaître le nom et l'adresse de ...

Guide Bien. Maintenant, j'aimerais réentendre cette conversation en entier.

Lui Bonjour, asseyez-vous.

Elle Bonjour. Merci.

Lui Vous vous appelez bien Girard?

Elle Oui, c'est ça.

Lui Madame ou Mademoiselle?

Elle Madame.

Lui Bien. Maintenant j'ai besoin de connaître quelques détails supplémentaires. Vous avez quel âge?

Elle Trente-deux ans.

Lui Oui. Et vous êtes mariée, divorcée?

Elle Mariée.

Lui Vous avez des enfants?

Elle Oui, un garçon et une fille.

Lui Et ... quel âge ont-ils?

Elle La fille a neuf ans et le garçon onze ans.

Lui Neuf et onze ... Bon. Et qu'est-ce que vous faites comme métier?

Elle Je suis informaticienne.

Lui Dans l'informatique. Oui. Et, ça fait longtemps que vous faites ce métier?

Elle Cinq ans.

Lui Bon. Parfait. Ah! J'aimerais aussi connaître le nom et l'adresse de ...

Guide Je crois qu'Odile et Karim sont arrivés chez Mehdi, maintenant. Allons voir ce qui se passe.

SCENE 4: Dans l'appartement de Mehdi

Mehdi Salut.

Odile Bonjour, Mehdi. Je te présente Karim.

Mehdi Enchanté. Heureux de faire ta connaissance.

Odile Qui est-ce, tout ce monde?

Mehdi Mes amis. Eh, les amis, je vous présente Odile et Karim. Tenez, voilà Ahmed, qui vient d'Algérie. Celui qui est dans le coin, assis par-terre, c'est Mohammed, et ...

Odile Mais vous habitez tous ici?

Mehdi Non, seulement Mohammed et moi. Les autres viennent nous voir le dimanche. L'appartement est un peu notre lieu de réunion.

Odile Et, qu'est-ce que vous faites, exactement?

Mehdi Nous sommes étudiants.

Odile Vous étudiez quoi?

Mehdi Oh ... des tas de choses différentes ... Vous voyez le type qui est en train de parler à Karim?

Odile Oui.

Mehdi C'est l'étudiant le plus vieux du Maroc. Probablement le plus vieux de toute l'Afrique du Nord, en fait!

Odile Oui, il n'a pas l'air tout jeune, pour un étudiant!

Mehdi Au fait, Karim, c'est ton mari?

Odile Non, c'est le petit ami d'une amie ... Enfin c'est un peu compliqué.

Mehdi Oui, je comprends. Mais comment ça se fait que vous vous intéressez aux étudiants tunisiens et marocains?

Odile Vraiment, c'est tout à fait par hasard.

Mehdi Et comment s'appelle votre organisation?

Odile Oh, elle n'a pas de nom.

Mehdi Mais il vous faut un nom, voyons. Sans nom, personne ne vous prendra au sérieux.

Odile On n'en a pas eu besoin jusqu'ici.

Mehdi Je ne sais pas, moi, quelque chose comme Entraide Etudiante, ou ... et si vous preniez le même nom que nous? Le Comité de Rassemblement? Vous pourriez l'appeler le Comité de Rassemblement des Etudiants Tunisiens? Non?

Odile Je ne sais pas ... Jusqu'ici on n'a vraiment pas eu besoin de nom.

Mehdi Ecoutez, croyez en mon expérience, un mouvement qui n'a pas de nom, ça ne sert pas à grand'chose.

Odile Ah, je voulais vous demander, vous avez une liste des noms et adresses des membres du groupe?

Mehdi Non, pourquoi?

Odile Eh bien, pour que je puisse contacter tout le monde plus facilement.

Mehdi Vous n'avez qu'à me contacter, et je m'en occuperai.

Odile Bon. Où est Karim? Il faut qu'on s'en aille maintenant.

Mehdi Déjà? Mais vous venez d'arriver!

Odile Non, il faut que je rentre. J'ai pas mal de choses à faire à la maison.

Mehdi Quelqu'un va nous préparer un repas. Restez manger avec nous!

Odile Non, vraiment, merci, mais il faut que je parte. Tu viens, Karim, on y va?

Mehdi Bon, comme vous voudrez.

Odile Au revoir, Mehdi, merci et à un de ces jours.

EXERCICE 4: Enoncer des objectifs

Guide Mmmm ... Ils ont l'air bien mystérieux, les nouveaux amis d'Odile ... Je me demande s'ils peuvent vraiment l'aider! En attendant, j'aimerais entendre les différentes manières d'annoncer ce qu'on a l'intention de faire.

Lui Nos buts? Eh bien d'abord, acheter un magasin. Deuxièmement, nous établir et nous faire connaître. Troisièmement, nous agrandir en créant toute une chaîne de points de vente. Quatrièmement, mettre au point un réseau de distribution efficace.

Elle Vous avez l'intention de vous installer ici?

* * *

Lui Notre premier objectif est d'ouvrir un magasin ici.

Elle Et, vous pensez vous faire connaître rapidement?

* * *

Lui Notre second objectif est de nous établir et de nous faire connaître rapidement.

Elle Et, vous comptez vous agrandir?

* * *

Lui Notre troisième objectif est de nous agrandir en créant toute une chaîne de points de vente.

Elle Vous avez pensé à la distribution?

* * *

Lui Notre objectif final est de mettre au point un réseau de distribution efficace.

Elle Parfait. Maintenant, nous aimerions réentendre quels sont vos projets.

* * *

Lui Notre but est, premièrement, d'acheter un magasin.

Elle Oui?

* * *

Lui Deuxièmement, nous avons pour intention de nous établir et de nous faire connaître.

Elle Je vois ...

* * *

Lui Troisièmement, nous avons pour but de créer toute une chaîne de points de vente.

Elle Bon ...

* * *

Lui Enfin, quatrièmement, notre dernier objectif est de mettre au point un réseau de distribution efficace.

Elle Très bien. Parfait.

Guide Voilà Odile et Karim de retour à l'appartement. Delphine est rentrée elle aussi de son week-end chez ses parents.

SCENE 5: Dans l'appartement d'Odile et de Delphine

Odile Bonjour, Delphine!

Delphine Où est-ce que vous étiez tous les deux?

Odile Avec des étudiants marocains. Grâce à eux, on devrait pouvoir régler tous nos problèmes de contacts.

Karim Oui. Ils ont formé un groupe. Ils appellent ça un comité de rassemblement.

Odile Ils ont entendu l'émission à la radio. C'est comme ça qu'ils nous ont contactés.

Delphine Ah oui?

Karim Oui, ils voulaient faire notre connaissance, discuter. Tu aurais dû venir. C'était très intéressant.

Delphine Ah bon?

Karim Et ton week-end à toi, ça s'est bien passé?

Delphine Oh, très bien, merci. Et toi?

Karim Oui, oui. Je te dis, c'était extra.

Delphine Et, tu as réussi à terminer tout ton travail?

Karim Euh ... oui, oui. J'ai fini.

Odile Bon, moi, je vais faire du café. Quelqu'un en veut?

Delphine Pas moi, merci.

Karim Oui, moi j'en veux bien un peu, s'il te plaît.

Delphine Oh, Odile, le type de la radio, tu sais, Michel Sabatier. Il a téléphoné. Il a dit qu'il avait appelé déjà deux fois hier, mais qu'il n'avait pas eu de réponse.

Odile Ah ... Il a dû téléphoner quand on était sortis.

Delphine Ah, vous êtes sortis hier, aussi?

Odile Oui. Pas longtemps. Enfin, qu'est-ce qu'il voulait exactement?

Delphine D'après ce que j'ai compris, il était question d'un certain Mehdi.

Odile Mehdi? Tu es sûre?

Delphine Oui. Enfin il veut que tu le rappelles.

Odile Tu as noté son numéro?

Delphine Oui. Sur le bloc-notes, à côté du téléphone.

Odile D'accord! Je vais lui passer un coup de fil tout de suite.

Delphine Où est-ce que vous êtes allés?

Karim Comment ça?

Delphine Odile a dit que vous étiez sortis quand j'ai téléphoné. Où est-ce que vous êtes allés?

Karim Oh, faire des courses. J'avais besoin de prendre un peu l'air. Je ne pouvais pas rester enfermé tout le week-end à travailler.

Delphine Mais moi, j'ai téléphoné samedi soir vers neuf heures, et personne n'a répondu.

Odile Allô? Michel? Michel Sabatier? Bonjour, c'est Odile Vallier à l'appareil. Il paraît que tu as téléphoné pendant que j'étais sortie. Oui. Oui, bien sûr. Eh bien, si on pouvait se voir ailleurs, je préfèrerais. L'amie qui partage l'appartement avec moi est revenue de week-end, et ... enfin, ce n'est pas le moment idéal pour recevoir quelqu'un, quoi. Oui ... Oui, très bien. C'est près d'ici? Ah oui, je connais. D'accord. J'y serai dans dix minutes. A tout de suite.

Delphine Je croyais que vous étiez sortis juste quelques minutes pour faire des courses?

Karim Mais je n'ai jamais dit ça! Et puis écoute, Delphine, je n'ai pas à te rendre compte de mon emploi du temps minute par minute, enfin.

Odile Bon. Je sors. Il faut que je voie quelqu'un. Je n'en ai pas pour longtemps.

EXERCICE 5: Comment fixer un rendez-vous et organiser une réunion

Guide Quittons un peu Delphine et Karim pour le moment. Odile va à son rendez-vous. J'aimerais bien entendre quelques expressions utiles pour prendre rendez-vous.

Lui Je souhaiterais que la réunion ait lieu le mardi 30, à mon bureau. Je voudrais que tout le monde soit là pour 9h.30.

Elle Alors. J'ai organisé la réunion pour le mardi 23. Ça vous convient?

* * *

Lui Pas vraiment, non. Je préférerais qu'elle ait lieu le 30.

Elle Je ne crois pas que ce sera possible pour le 30. Tout le monde ne pourra pas venir.

* * *

Lui Bon ... Et le mercredi 1er juin, est-ce que ça conviendrait à tout le monde?

Elle Euh ... je crois, oui. Tout le monde devrait être revenu pour cette date-là ... Oui, oui, ça devrait aller. Dans l'après-midi?

* * *

Lui Ce n'est pas possible le matin?

Elle Ce sera plus difficile. Il y a des gens qui reviennent de voyage dans la matinée seulement.

* * *

Lui Bon. Tôt dans l'après-midi, alors? Vers une heure et demie, deux heures?

Elle Oui, ça, ça devrait coller.

* * *

Lui J'aimerais mieux dans mon bureau.

Elle Si vous voulez. Ça ne pose pas de problèmes. Bien. Alors, récapitulons: nous avons rendez-vous ...

* * *

Lui ... dans mon bureau, à deux heures de l'après-midi, le mercredi 1er juin.

Elle J'ai noté. C'est d'accord.

Guide Bon. Je me demande comment se passe le rendez-vous d'Odile.

SCENE 6: **Dans un café**

Michel Bonjour, Odile. Assieds-toi.

Odile Bonjour, Michel. Alors, tu as reçu beaucoup de lettres et de coups de téléphone après l'émission?

Michel Oui. Oui. Il y a pas mal de coups de fil à propos de l'interview.

Odile Ah bon? C'est bien. C'est encourageant.

Michel Oui. Et il doit y avoir des lettres maintenant. Je vais voir ça demain matin.

Odile Merci. Tu nous aides vraiment beaucoup.

Michel Ecoute ... passe au studio demain vers midi. Je t'invite à déjeuner.

Odile Oh non, je ne pourrais pas ...

Michel Mais si, je t'assure, ça me ferait plaisir.

Odile Bon, d'accord. Merci. Au fait, moi aussi, j'ai eu un coup de fil.

Michel Oui. C'est pour ça que je t'ai appelée.

Odile Ah?

Michel Je n'ai pas voulu parler au téléphone. C'est un peu ... délicat, quoi.

Odile Délicat? Comment ça?

Michel Est-ce qu'un certain Mehdi t'a contactée?

Odile Oui. C'est de son coup de fil que je parlais.

Michel C'est Julien qui lui a donné ton numéro. Il me l'a dit.

Odile Oui, je sais.

Michel Julien n'est pas au courant.

Odile Au courant de quoi?

Michel Qu'est-ce qu'il t'a dit, Mehdi, exactement?

Odile Pas grand-chose. Qu'on pourrait s'aider mutuellement. Que ce serait intéressant de discuter et de travailler ensemble …

Michel Oui … Eh bien, le problème, c'est que le groupe des amis de Mehdi est un groupe de militants extrémistes. Tu vois ce que je veux dire? Opposants révolutionnaires au régime en place, exilés politiques militants … ce genre-là.

Odile A les voir l'autre jour, et à les entendre parler, ils n'avaient pourtant pas l'air très révolutionnaires!

Michel Je ne sais pas au juste ce qu'ils veulent obtenir de toi et de Karim. Peut-être une couverture. Une sorte de façade derrière laquelle ils pourront cacher leurs activités. Ils veulent peut-être aussi profiter de tes contacts.

Odile Si je comprends bien, Mehdi risque de nous attirer des ennuis?

Michel Attention! Je ne dis pas que c'est un terroriste. Pas lui personnellement, en tout cas. Ce que je sais, c'est qu'il a déjà eu des ennuis avec la police. Plus d'une fois. Et dans plus d'un pays.

Odile A cause de la drogue?

Michel Non, non, pour agitation politique. Je ne sais pas quoi, au juste, mais certains de ses amis ont un casier judiciaire bien rempli.

Odile Je vois …

Michel Je ne sais pas ce qu'il t'a raconté. Mais je suis sûr d'une chose.

Odile Quoi?

Michel Ce genre de truc peut anéantir complètement ton projet. Auprès de n'importe quel ministère, n'importe quelle entreprise, n'importe quel gouvernement étranger. Si par hasard ils apprennent que tu fréquentes Mehdi et ses amis, c'est terminé. Ils ne voudront plus entendre parler de toi. Et naturellement, ils refuseront de t'aider.

Odile Oui, je comprends. Je te remercie de m'en avoir parlé.

Guide Oh là là! Pauvre Odile! Elle est bien ennuyée maintenant!

Cassette 3 Face 2

Un concert pour trouver des fonds

SCENE 1: **Dans l'appartement d'Odile et de Delphine**

Odile Bonjour! Delphine, Karim, c'est moi!

Delphine Salut! Dis, Odile ... excuse-moi, je n'ai pas été très aimable tout à l'heure.

Odile Oh, ce n'est pas grave. N'en parlons plus.

Delphine Ça va mieux maintenant. Je suis calmée. Je n'avais pas tellement le moral quand vous êtes rentrés.

Odile Ah bon? Pourquoi?

Delphine Eh bien ... mon père et ma mère commençaient à être pénibles. Alors je suis revenue de chez eux plus tôt que prévu. Et en rentrant, j'ai trouvé l'appartement vide. Vous étiez sortis tous les deux. Je pensais vous trouver. Enfin, c'est passé.

Odile Tu sais, si ça peut te consoler, moi aussi j'ai des mauvaises nouvelles.

Delphine A quel sujet?

Odile Le programme d'échanges. Il y a des problèmes.

Delphine Bon, alors, écoute: soyons tristes en choeur, et allons manger quelque chose ensemble pour nous consoler.

Odile Il est un peu tard. Je suis fatiguée.

Delphine Mais il faut manger! Karim m'a dit que tu n'avais rien mangé aujourd'hui.

Odile Je n'ai pas très faim.

Delphine Oh, juste une pizza, ou une grillade. Pour être ensemble. Viens.

Odile Bon. D'accord. Où est-ce qu'il est, Karim?

Delphine	Il est en train de se changer. Karim! Dépêche-toi. Tu as eu largement le temps de te faire beau.
Odile	Non, écoute, je suis vraiment trop fatiguée. Je crois que je vais aller me coucher tout de suite.
Delphine	Oh, allez, viens. On mange un plat vite fait. Je t'invite. Allez, on y va. Karim nous rattrapera. Quel play-boy! Et on dit que ce sont les femmes qui sont coquettes! Tu viens?
Odile	J'arrive.

EXERCICE 1: Deviner (3)

Guide	Bon. Laissons-les aller dîner. Maintenant j'aimerais bien m'exercer encore à deviner des mots dans une conversation. Cette fois-ci, il faut deviner le mot le plus juste.
Elle	Qu'est-ce qui ne va pas, Pierre? Tu n'as pas l'air très en forme.
Lui	Non, je me sens vraiment ...
Elle	Découragé? Malade? Mélancolique? Déprimé? Malheureux?

* * *

Lui	Déprimé.
Elle	C'est vrai? Qu'est-ce qu'il y a?
Lui	Eh bien, il y a ma sœur qui est ...
Elle	A l'hôpital? En prison? Sur le toit? Sur la Côte d'Azur?

* * *

Lui	C'est ça. Sur la Côte d'Azur.
Elle	Ah?
Lui	Oui. Et elle m'a envoyé ...

Elle Une carte postale? Un télex? Une lettre d'injures? Une photo? Un mandat?

* * *

Lui Une photo. De la maison qu'elle vient d'acheter.

Elle Ah oui?

Lui Et elle est vraiment ...

Elle Sale? Petite? Affreuse? Pas confortable?

* * *

Lui Non. Belle. Luxueuse, même.

Elle Mais alors, pourquoi es-tu si déprimé?

Lui Ah, c'est parce que je suis ...

Elle Si loin? Tout seul? Isolé? Pauvre?

* * *

Lui Non, non. C'est parce que je l'envie. Je voudrais tellement être à sa place!

Elle Ah ... Je comprends, maintenant!

Guide Bien. Nous sommes lundi matin, et Odile est de retour au bureau après son week-end ... mouvementé!

SCENE 2: L'agence de publicité

Didier Bonjour, Odile.

Odile Bonjour, patron.

Didier Alors, ce week-end? Agréable, reposant?

Odile Comment?

Didier Je te demande si tu as passé un week-end agréable et tranquille, pour te relaxer et te remettre en forme.

Odile Euh, pas exactement, non. Je dirais même: pas du tout.

Didier Tu n'as pas passé un week-end relaxant?

Odile Oh non! En fait il a même été plutôt agité.

Didier Ah, les jeunes d'aujourd'hui! Ce que c'est compliqué! Quelque chose n'allait pas?

Odile Oh, oui et non.

Didier Raconte-moi, va.

Odile Oh, rien. C'est les étudiants ...

Didier Ah, c'est donc ça.

Odile Eh oui, c'est encore ça.

Didier Raconte-moi quand même ...

Odile Eh bien, j'ai rencontré un groupe d'étudiants d'Afrique du Nord. Je croyais qu'on pouvait échanger des idées, s'aider mutuellement ...

Didier Et alors?

Odile Et puis j'ai appris qu'ils avaient assez mauvaise réputation. Qu'au lieu de nous aider, ils nous poseraient des problèmes. Voilà. C'est tout.

Didier Tout ça est très regrettable mais enfin ça ne m'a pas l'air très grave.

Odile Non, bien sûr. Tu as raison. Il n'y a pas de quoi en faire un drame.

Didier Et, c'est tout?

Odile Oui, oui. Rien d'autre.

Didier Au fait, et ton ami Karim, comment va-t-il?

Odile Il va très bien. Pourquoi est-ce que tu me demandes ça?

Didier Pour rien ... Pour savoir. Et ces gens-là, comment est-ce que tu as su ce qu'il en était?

Odile Quels gens? Les étudiants?

Didier Oui.

Odile C'est Michel Sabatier qui me l'a dit.

Didier Qui? Le type de la radio?

Odile Oui, oui.

Didier C'est lui en personne qui t'a avertie?

Odile Oui. Il m'a téléphoné. C'est un type très sympa. Je déjeune avec lui aujourd'hui, d'ailleurs.

Didier Eh bien! Tu mènes une vie bien mondaine et bien mouvementée en ce moment, dis-moi?

Odile Oui ... Ce qu'il me faudrait en fait c'est un travail agréable, tranquille, et relaxant. Tu n'aurais pas quelque chose comme ça à me proposer?

Didier C'est à voir. Tu crois que tu vas être capable de travailler, aujourd'hui?

Odile On peut toujours essayer.

Didier Bon. Regarde. Voilà ce qui se passe. On a dix centimètres de largeur et vingt centimètres de profondeur. Avec en plus une photo. Il va falloir supprimer plus de la moitié du texte.

Odile Oh là là! Ça va être vraiment très dur ... Attends, on ne pourrait pas rehausser?

EXERCICE 2: Nombres et dimensions

Guide Odile a l'air de se sentir mieux dès qu'elle travaille. Ils parlaient des nombres et des dimensions de quelque chose. Je voudrais bien acquérir un peu plus de pratique avec les nombres et les dimensions.

Lui Deux et demi.

* * *

Elle Ça fait deux virgule cinq.

Lui Quatre et demi.

* * *

Elle Ça fait quatre virgule cinq.

Lui Un demi.

* * *

Elle Ça fait zéro virgule cinq.

Lui Quatre un quart.

* * *

Elle Ça fait quatre virgule vingt-cinq.

Lui Cinq et un tiers.

* * *

Elle Ça fait cinq virgule trente-trois.

Lui Plus ou moins. Maintenant. Deux cent cinquante centimètres.

* * *

Elle Ça fait deux mètres cinquante.

Lui Cent quatre-vingt-dix centimètres.

* * *

Elle Ça fait un mètre quatre-vingt-dix.

Lui Cinq cent soixante-cinq centimètres.

* * *

Elle Ça fait cinq mètres soixante-cinq.

Guide D'accord. Bon, allons retrouver Didier et Odile. Ils sont toujours penchés sur leur problème.

SCENE 3: L'agence de publicité, puis dans un restaurant

Odile On ne pourrait pas rehausser de quelques centimètres?

Didier Non, c'est le format de la page qui est comme ça.

Odile Zut!

Didier Au fait, tu ne devais pas aller déjeuner?

Odile Si. Quelle heure est-il?

Didier Il est presque une heure.

Odile Oh, ce n'est pas vrai! Il faut que je finisse ça!

Didier Ça ne fait rien, va. Je vais continuer.

Odile Oh, zut, zut, zut!

Didier Ecoute, tu ferais mieux de te préparer maintenant. Tu vas être en retard à ton rendez-vous.

Odile Oui, je sais.

Didier Allez, vas-y. Je te reverrai, cet après-midi.

Odile OK. Je n'en ai pas pour longtemps.

Didier Au revoir.

Odile Michel!

Michel Bonjour! On va déjeuner?

Odile D'accord.

Michel J'ai réservé une table pour une heure. J'espère qu'ils nous la garderont.

Odile Oui, excuse-moi. J'étais en retard. J'étais sur un travail. Je n'ai pas vu le temps passer.

Michel Voilà. C'est en haut.

Odile Oh, c'est très chic, dis donc!

Michel Oui, c'est chouette, hein? Je suis connu ici. J'y viens assez souvent.

Odile Tu me gâtes. Je suis flattée!

Michel Jette un coup d'œil au menu. Choisis ce que tu veux. Tu veux boire quelque chose pour commencer?

Odile Non, merci. Je ne bois jamais dans la journée.

Michel D'habitude, moi non plus. Mais aujourd'hui je crois que je vais faire exception.

Odile Ah bon, pourquoi? Tu as eu une matinée difficile?

Michel Au contraire. J'ai regardé les lettres qui sont arrivées après notre émission. Ce n'est pas mal du tout.

Odile Ah oui?

Michel Oui, oui. Il y en avait une partie adressée à toi. Je les ai ouvertes. J'espère que ça ne te dérange pas.

Odile Bien sûr que non. C'est formidable!

Michel Oui. Je te montrerai tout ça après déjeuner.

Odile Au fait, aucune lettre de groupe terroriste révolutionnaire, dans le courrier?

Michel Je ne crois pas. Je n'en ai reconnu aucun, en tout cas. C'est bon, au fait?

Odile Mmm ... Délicieux. Et toi, tu aimes?

Michel Oui, c'est très bon. C'est toujours excellent, ici. Dis donc, j'étais en train de penser ...

Odile Oui?

Michel Ce qu'il vous faut avant tout maintenant, c'est de l'argent, non?

Odile Euh, je n'ai pas encore vu la note de téléphone, mais ...

Michel Bon. Tu as réussi à obtenir des contacts, à trouver des logements, à intéresser des sociétés. Mais tu as besoin d'argent. C'est bien ça?

Odile Eh bien, ce serait utile, c'est sûr.

Michel Justement, je pensais ... Pourquoi est-ce qu'on ne donnerait pas un concert pop pour réunir des fonds?

Odile Comment est-ce qu'on organiserait ça?

Michel Eh bien le concert pourrait être parrainé par Radio NRJ. Après tout, tout ça a commencé dans nos studios. Je connais deux chanteurs, algériens, qui accepteraient de chanter, et un group de rock français qui joue souvent dans ce genre de concert.

Odile Tu es sûr qu'ils nous aideraient?

Michel Certain. Surtout s'ils sont patronnés par nous. En fait, je leur en ai déjà parlé et ils feront ça gratuitement, tous.

Odile Un concert ... oui, c'est une idée. Mais où est-ce qu'on pourrait faire ça?

Michel Eh bien, on fait une tournée en France en ce moment. On pourrait organiser le concert en province. On sera à Lyon dans dix jours. On pourrait le faire là-bas. Ça nous laisserait du temps pour tout arranger.

Odile Oh, si ça pouvait marcher, ce serait super!

Michel Tu crois que tu pourras descendre jusqu'à Lyon pour assister au concert?

Odile Oui. Pas de problème.

Michel Bon. C'est décidé, alors. On va jeter un coup d'œil au courrier maintenant?

EXERCICE 3: A propos d'argent

Guide Ça tombe bien pour Odile. Elle se faisait du souci à cause de l'argent. Ça ne m'étonne pas, d'ailleurs! Presque tout le monde a des problèmes d'argent.

Lui Régine a besoin d'argent. Qu'est-ce qu'elle peut faire? Je vois quatre moyens d'en obtenir. D'abord on peut travailler. Mais si on veut économiser, ça prend du temps. Ensuite, on peut vendre quelque chose, mais très souvent il est difficile d'en tirer un bon prix. Ou bien on peut emprunter de l'argent, à la banque par exemple. Mais dans ce cas-là il faut fournir une garantie et payer des intérêts.

Elle Il me faut absolument de l'argent. Je sais parler arabe, taper à la machine. Je sais conduire . . .

* * *

Lui Eh bien, pas de problème, alors. Vous n'avez qu'à travailler pour gagner de l'argent.

Elle Oui. C'est ce que je vais faire. Je vais prendre un travail temporaire, et économiser un peu d'argent.

Lui L'inconvénient, c'est que ça prend du temps.

Elle Oui, c'est vrai. J'ai quelques objets de valeur dont je ne me sers pas. Je pourrais en vendre quelques-uns.

* * *

Lui Eh bien alors, vendez-les.

Elle Ça m'étonnerait que j'en tire un bon prix. Je ne veux pas les vendre pour une bouchée de pain et perdre de l'argent dessus.

* * *

Lui C'est sûrement ce qui arriverait.

Elle Il y a des gens qui prêtent de l'argent. Les banques, par exemple.

* * *

Lui C'est facile: empruntez-en!

Elle Oui, à une societé de prêt. Je peux offrir ma maison et mes bijoux comme garantie.

* * *

Lui Oui, il leur faut une garantie. Ils l'exigent.

Elle Et puis, bien sûr, il y a toujours la banque.

* * *

Lui Oui, vous pourriez obtenir un prêt.

Elle Mais ce n'est pas un prêt gratuit, je suppose.

* * *

Lui Non, vous aurez des intérêts à payer dessus.

Elle Oui, mais dans le fond c'est sûrement la meilleure solution. J'irai voir le directeur de ma banque aujourd'hui.

Guide Bien. Maintenant, Odile doit annoncer à Didier qu'elle va bientôt partir pour Lyon. Je me demande comment il va prendre la nouvelle.

SCENE 4: L'agence de publicité

Odile Bonjour.

Didier Bonjour. Alors c'était bon, ce déjeuner?

Odile Délicieux! Michel m'a emmenée dans un restaurant ultra-chic. C'est là que vont toutes les célébrités de la radio, du cinéma, de la télé ...

Didier Quel honneur!

Odile Il y a des lumières douces, des palmiers partout, des grandes baies vitrées, des ...

Didier Ah oui, en haut.

Odile Mais, comment le sais-tu? Tu y es déjà allé?

Didier Eh oui! Même des modestes publicistes comme moi sont parfois invités dans les restaurants chic.

Odile Quand je pense que j'y étais moi aussi! Tout en mangeant je me disais que Alain Delon, Woody Allen, Belmondo y mangeaient aussi. Ahhh ... la gloire ...

Didier Peut-être, peut-être. Et ... Michel Sabatier vous a aidés?

Odile Oui, beaucoup. Il a eu beaucoup de courrier. Il y a beaucoup de gens qui veulent nous aider.

Didier Oh, formidable!

Odile Et Michel a été vraiment très, très sympa. Tu ne sais pas ce qu'il a fait?

Didier Quoi?

Odile Euh ... Eh bien ...

Didier Qu'est-ce qu'il y a?

Odile Tu veux bien que je prenne deux jours de congé? Deux, pas plus.

Didier Pour quoi faire?

Odile Eh bien ... Michel veut organiser un concert pop pour nous aider à trouver des fonds. Seulement ça doit se passer à Lyon ...

Didier A Lyon?

Odile Oui. Michel s'occupe de tout. Il y a deux chanteurs et un groupe de rock. Ça passera à la radio. De toute façon je ne serai partie que pour deux jours.

Didier Bon, mettons-nous d'accord.

Odile Oui?

Didier Ce sera la dernière fois. Tu prends ces deux jours de congé, mais c'est tout. Tu dois avoir besoin d'argent?

Odile Oui, j'en ai déjà dépensé pas mal!

Didier Ecoute, si tu veux faire de bonnes actions, il faut en payer le prix.

Odile Je sais.

Didier En tout cas, c'est la dernière fois que ça se produit. Après ça, ou bien tu travailles normalement pour nous, comme une simple employée, ou alors tu trouves du travail ailleurs.

Odile Bon. D'accord.

Didier Suis-je clair?

Odile Oui, oui. Tout à fait.

Didier A propos ... comment est-ce que tu vas y aller, à Lyon?

Odile Je n'en sais rien. Je ne me suis pas encore posé la question.

Didier Tu as ton permis?

Odile Oui.

Didier Eh bien, tu peux prendre ma voiture, si tu veux.

Odile Oh, merci. Tu es un ange!

Didier Tu es sûre que tu sais conduire?

Odile Oui, oui.

Didier Parce que j'y tiens à ma voiture. C'est une voiture qui vaut cher, je ne voudrais pas qu'il lui arrive quelque chose.

Odile Je ne l'abîmerai pas. Je te promets. Merci encore.

EXERCICE 4: Demander la permission

Guide Odile a dû demander la permission, pour prendre deux jours de congé. J'aimerais entendre à nouveau comment on demande la permission en français.

Elle Il est en train de parler à son patron. Il voudrait partir plus tôt aujourd'hui.

* * *

Lui Est-ce que je peux partir plus tôt, aujourd'hui?

Elle Il n'a pas le téléphone chez lui. Il voudrait utiliser le téléphone de sa voisine.

* * *

Lui Ça vous dérangerait que je me serve de votre téléphone?

Elle Ou bien:

* * *

Lui Est-ce que je pourrais téléphoner, s'il vous plaît?

Elle Il a perdu son stylo. Il voudrait emprunter celui de sa collègue de bureau.

* * *

Lui Je peux emprunter ton stylo?

Elle Ou bien:

* * *

Lui Ça ne te dérange pas que j'emprunte ton stylo?

Elle Il est dans le train. Il a froid. Il voudrait fermer la fenêtre du compartiment.

* * *

Lui Vous permettez que je ferme un peu la fenêtre?

Elle Ou bien:

Lui Ça ne vous dérange pas que je ferme un peu la fenêtre?

Elle Ou bien:

Lui Je peux fermer un peu la fenêtre?

Guide Bien. Maintenant Odile a beaucoup de choses à raconter à Delphine et Karim. Au sujet du concert pop.

SCENE 5: Dans l'appartement d'Odile et de Delphine

Odile Salut tout le monde! Qui est-ce qui veut aller à un concert pop?

Delphine Quoi?

Odile Radio NRJ organise un concert pop. Pour nous. Pour réunir des fonds.

Delphine C'est sympa, ça.

Odile On part deux jours à Lyon. Mon patron me prête sa voiture. Alors, qui est-ce que ça intéresse?

Delphine Deux jours? Où est-ce que tu vas loger?

Odile Oh, à l'hôtel probablement. C'est Michel qui organise tout.

Delphine Je ne peux pas m'absenter deux jours entiers.

Odile Oh, allez! Ce n'est pas tous les jours qu'il y a un concert pop. Demande à ton patron!

Delphine Tu n'as qu'à emmener Karim. Je suis au courant, va, pour vous deux. Karim m'a parlé.

Odile Tu sais, il ne s'est vraiment rien passé. J'ai juste ...

Delphine D'accord. Ça va. Au début ça m'a plutôt fait un choc, mais maintenant c'est fini. C'est passé.

Odile Oui. Je comprends. Et ... où ...

Delphine Tu veux savoir où est Karim, maintenant?

Odile Oui.

Delphine Il a déménagé.

Odile Déménagé?

Delphine Oui. Il est parti habiter ailleurs.

Odile Comme ça? Du jour au lendemain? Mais où est-ce qu'il est maintenant?

Delphine Je ne sais pas. Il a dit qu'il allait se débrouiller. Qu'il allait trouver quelque chose.

Odile C'est toi qui lui as dit de partir?

Delphine Oui. Je lui ai dit que je ne voulais plus de lui ici. Il a dit qu'il téléphonerait. Pas à moi. A toi.

Odile Ecoute, si on oubliait tout ça? Si on allait au concert ensemble? Hein?

Delphine Non. Je ne peux pas.

Odile Tu ne vas pas rester ici toute seule, à ruminer.

Delphine Peuh! Pourquoi pas?

Odile Mais qu'est-ce que tu vas faire?

Delphine Je n'en sais rien. J'ai les programmes à écrire pour le groupe de musique ancienne. J'ai beaucoup à faire, en fait.

Odile Bon. Comme tu voudras. Fais ce que tu as à faire. Mais rappelle-toi que ce n'est pas moi qui t'ai pris ton petit ami.

Delphine C'est pourtant bien quelqu'un.

Odile Peut-être, mais ce n'est pas moi. Je t'assure que je n'ai rien fait pour ça. Et je ne l'ai certainement pas encouragé!

Delphine Allô? Oui. C'est pour toi. Mehdi.

Odile Oh!! Ce n'est pas vrai!!

EXERCICE 5: Les intonations (2)

Guide Odile doit en avoir un peu assez de tout ça. Ecoutons à nouveau comment le son de la voix, l'intonation, peut changer le sens d'une phrase.

Elle Pierre est au téléphone. Je me demande de quoi il est en train de parler.

Lui Hm. Hm.

Elle Ecoutons, ensemble.

Lui Qu'est-ce qu'il a dit?

* * *

Elle C'est une question normale, neutre.

Lui Qu'est-ce qu'il a dit?

* * *

Elle Cette fois-ci, le ton est surpris, et même choqué.

Lui Qui est-ce qui a dit ça?

* * *

Elle Question normale, neutre.

Lui Qui est-ce qui a dit ça?

* * *

Elle Le ton est surpris et choqué.

Lui Depuis combien de temps est-ce que tu ne l'as pas vu?

* * *

Elle Question normale, neutre.

Lui Depuis combien de temps est-ce que tu ne l'as pas vu?

* * *

Elle L'intonation indique la surprise et l'indignation.

Lui Ça a coûté combien?

* * *

Elle Question normale, neutre.

Lui Ça a coûté combien?

* * *

Elle Le ton est surpris et choqué.

Guide Odile est de retour au bureau maintenant. Le téléphone est en train de sonner.

SCENE 6: A l'agence de publicité

Odile Oui. Odile Vallier à l'appareil.

Mehdi Salut! C'est moi. Alors, on ne donne plus de nouvelles?

Odile C'est Mehdi?

Mehdi Oui. C'est moi. Je croyais que vous alliez me téléphoner?

Odile J'allais vous appeler, mais j'ai été plutôt débordée ces jours derniers.

Mehdi Oh, allons, allons. Vous me racontez des histoires, là.

Odile Pardon?

Mehdi Vous avez bien entendu. J'ai dit que vous me racontiez des histoires. Vous n'êtes pas si débordée que ça. Seulement on n'est pas assez bien pour vous. Alors, vous nous laissez tomber.

Odile Non, Mehdi. Ce n'est pas ça.

Mehdi Eh bien, c'est quoi, alors?

Odile C'est plutôt pour des raisons politiques.

Mehdi Bon, écoutez. Il faut qu'on parle, tous les deux.

Odile Allez-y. Je vous écoute.

Mehdi Non, pas au téléphone.

Odile Oh, je n'ai vraiment pas le temps de vous voir.

Mehdi Eh bien moi, vous voyez, je trouve que vous me devez une conversation.

Odile Ecoutez. C'est très simple. J'ai entendu dire que votre groupe est un groupe d'extrémistes.

Mehdi C'est vrai, oui. Et après?

Odile Vos opinions politiques ne regardent que vous, et vous avez sûrement de très bonnes raisons de penser ce que vous pensez.

Mehdi D'excellentes raisons, même.

Odile Seulement moi, ce n'est pas ça que je recherche. Ce qui m'intéresse, c'est d'aider quelques personnes. D'une manière pratique et concrète. Faire de la propagande politique, ça ... ça ne m'intéresse pas.

Mehdi Ah non?

Odile Non. Pour ce programme d'échanges il faut que des ministères nous aident. Et des grosses entreprises aussi. On a absolument besoin de leur appui.

Mehdi Typiquement bourgeois, votre manière de faire les choses.

Odile Ça m'est complètement égal d'être bourgeoise, si je peux aider les gens. Et je ne pourrai jamais les aider en collaborant avec vous. Si je dis à une entreprise importante que je travaille avec un groupe extrémiste, et que plusieurs membres du groupe sont recherchés par la police, qu'est-ce qu'ils vont dire? Ils n'accepteront jamais de m'aider.

Mehdi De toute façon, ces gens-là font partie du système. Et en collaborant avec eux, vous faites durer un système complètement pourri.

Odile Peut-être, mais on n'a que celui-là. Il faut bien faire avec.

Mehdi Au fait. On n'a pas parlé du concert pop.

Odile Comment est-ce que vous avez appris ça?

Mehdi J'ai des amis. Je suis bien renseigné. Ça va passer à la radio?

Odile Pas tout. Une partie.

Mehdi Je pourrais venir. J'amènerais les copains. On pourrait faire pas mal de bruit, nous aussi, si on voulait.

Odile Oh, vous ne feriez pas ça, quand même? Tout ce qu'on essaie de faire c'est d'aider quelques jeunes. C'est tout. On n'exploite personne.

Mehdi Bon, bon. Je vois que je perds mon temps. Reste dans le camp des bourgeois. Mais je te préviens. Ton ami Karim ...

Odile Karim? Qu'est-ce qu'il a à voir là-dedans?

Mehdi Il te réserve des surprises. Prépare-toi à un choc. Tu ne diras pas que je ne t'ai pas prévenue.

Odile Salut. A la prochaine. Au revoir, Mehdi.

Guide Eh bien, après ça, je ne crois pas qu'Odile et Mehdi se reverront ou se reparleront au téléphone! En tout cas, Odile doit se rendre au concert pop à Lyon, maintenant. Allons la rejoindre.

Cassette 4 Face 1

L'orchestre se prépare à jouer

SCENE 1: **Dans l'appartement d'Odile et de Delphine, puis sur l'autoroute**

Odile Oh, allez, Delphine. Change d'avis, viens avec moi.

Delphine Non, non. Je ne viens pas. Amuse-toi bien.

Odile OK. Ah, ça doit être Didier. Bonjour, entre. Je te présente mon amie Delphine. C'est avec elle que je partage l'appartement.

Delphine On se connaît déjà.

Didier Bonjour, Delphine. Ça va?

Delphine Très bien, merci.

Didier Bon. Odile. Je suis pressé. Voilà les clés. Je vais te montrer comment ça marche, où tout se trouve. Et je t'en supplie, ne va pas me l'abîmer. J'y tiens.

Odile Je ferai très, très attention. C'est promis.

Delphine J'ai beau essayer, je vois mal mon patron me prêtant sa voiture!

Didier Oh, vous savez, dans le monde libéré de la publicité, tout est possible! Qu'est-ce que vous faites, vous, Delphine?

Delphine Moi? Je travaille dans les assurances.

Didier Ça doit être intéressant. Varié.

Delphine Oui, ce n'est pas mal.

Delphine Allô?

Odile Delphine? C'est moi.

Delphine Odile? Tu es où, là?

Odile Sur l'autoroute.

Delphine Qu'est-ce qui se passe?

Odile Rien. J'appelais simplement pour voir si tu allais bien.

Delphine Oui, oui. Moi, ça va. Et la voiture?

Odile Oh, formidable. Mais la route est longue. Surtout toute seule.

Delphine Pas de problèmes?

Odile Eh bien, il y a quelque chose qui m'inquiète un peu.

Delphine Oui?

Odile Eh bien, il y a une lumière rouge qui n'arrête pas de s'allumer et de s'éteindre. Je ne sais pas ce que ça veut dire. Il y a un garage, là. Je vais demander.

Delphine Pourquoi est-ce que tu ne demandes pas à Didier?

Odile Je n'ai pas son numéro personnel.

Delphine Tu n'en as pas besoin. Il est ici, avec moi.

Odile Ah bon? Il est encore là?

Delphine Oui. Attends, je l'appelle.

Odile Merci.

Didier Allô? Odile? Alors, tu as des problèmes?

Odile Oui. Il y a une lumière rouge qui s'allume. Je ne sais pas trop à quoi elle sert.

Didier Elle se trouve où?

Odile Près du compteur.

Didier Bon, alors ça doit être l'huile. Il faut sûrement en rajouter un peu.

Odile D'accord.

Didier Ecoute. Regarde à côté du siège. Il y a une poignée qui sert à ouvrir le capot. Ouvre-le et vérifie le niveau d'huile.

Odile D'accord. C'est ce que je vais faire. Merci. Si ça ne va pas, je te rappellerai peut-être.

Didier Oui, c'est le mieux.

Odile Bon. Où est-ce que je peux te joindre?

Didier Eh bien, je serai ici pendant encore un petit moment.

Odile Oui. Et après ça, je t'appelle chez toi?

Didier Non. J'attends que Delphine ait fini de se préparer et je l'emmène au restaurant.

Odile Ah, d'accord. Eh bien, passez une très bonne soirée, alors.

EXERCICE 1: Apprendre à téléphoner (2)

Guide Je n'aime pas beaucoup téléphoner en français. C'est encore plus difficile de comprendre une langue étrangère au téléphone. Il faut souvent faire répéter.

Lui Bon. Je vais appeler BSF. Il faut absolument que je parle à monsieur Brossard.

Elle BSF. Allô. J'écoute.

* * *

Lui Allô? Bonjour Madame. Est-ce que je pourrais parler à monsieur Brossard, s'il vous plaît?

Elle Ah, monsieur Brossard n'est pas là, Monsieur. Il ne sera pas là avant quatre heures.

* * *

Lui Est-ce qu'il y a un numéro où je pourrais le joindre?

Elle Oui. Il a laissé un message. Vous pouvez l'appeler jusqu'à midi, à l'usine. Le numéro c'est le 207-21-30. Et à partir de 2 heures jusqu'à 6 heures il sera au 310-17-82, aux laboratoires Meyssignac.

* * *

Lui Vous pouvez répéter, s'il vous plaît? Je n'ai pas bien compris.

Elle Oui. Alors 207-21-30.

* * *

Lui 207-21-30.

Elle C'est ça. Jusqu'à midi. Et ensuite de deux heures à six heures il sera aux laboratoires Meyssignac.

* * *

Lui Vous pouvez épeler, s'il vous plaît?

Elle Oui: M, e, ... i, g, n, a, c.

* * *

Lui Pardon? Vous avez dit M, e, i, ... ?

Elle Non. M, e, y, deux s, i, g, n, a, c.

* * *

Lui M, e, y, deux s, i, g, n, a, c.

Elle Oui. Et le numéro, c'est le 310-..7-..2.

* * *

Lui Désolé. J'entends mal. Vous pouvez me redire le numéro, s'il vous plaît?

Elle Oui. 310-17-82.

* * *

Lui 310-17-82. De deux heures à six heures.

Elle C'est ça.

* * *

Lui Merci beaucoup. Au revoir, Madame.

Elle Au revoir.

Guide Bien. La lumière rouge clignote toujours. Odile se fait du souci. Elle s'est arrêtée dans un garage.

SCENE 2: Au garage

Odile Bonjour. Vous pouvez m'aider? J'ai un problème.

Le mécanicien Oui. Qu'est-ce qui ne va pas?

Odile Je crois que c'est l'huile.

Le mécanicien On va voir ça. Mettez en marche et faites tourner le moteur. Bon. Ça va.

Odile Ça clignote toujours.

Le mécanicien Ah, plus maintenant. Ça s'est éteint.

Odile Non, mais avant ça n'arrêtait pas de clignoter.

Le mécanicien Vous avez vérifié le niveau d'huile?

Odile Non. Je ne peux pas ouvrir le capot. Il a dit qu'il y avait une poignée à côté du siège du chauffeur.

Le mécanicien Oui. Près du volant. Là. Oui.

Odile Ah, là! Mais ce n'est pas à côté du siège du conducteur.

Le mécanicien Bon. Tirez la poignée. Coupez le contact ... Mais il y en a, de l'huile. Il y en a même largement assez.

Odile Qu'est-ce que c'est, à votre avis? Qu'est-ce qu'on peut faire?

Le mécanicien Bof, on peut toujours mettre encore un peu d'huile, mais pas beaucoup.

Odile Oui, je crois qu'il vaut mieux en mettre. C'est une voiture qu'on m'a prêtée. Il faut que je la rende en bon état.

Le mécanicien Vous la conduisez souvent?

Odile Non. C'est la première fois.

Le mécanicien Quand est-ce qu'elle est apparue, cette lumière rouge?

Odile Presque tout de suite. Au bout d'une demi-heure de route, à peu près.

Le mécanicien Ecoutez, vraiment, je ne vois rien d'anormal. Vous étiez peut-être en surrégime?

Odile Comment?

Le mécanicien Vous n'avez peut-être pas changé de vitesse assez souvent. Peut-être que vous n'êtes pas passée assez vite à la vitesse supérieure. Le moteur a dû chauffer trop vite. Ça s'échauffe assez vite, ce genre de moteur. Essayez de rester en troisième ou quatrième. Ça devrait aller mieux.

Odile Oui. Vous avez raison. Ça doit être ça.

Le mécanicien Oui. Je vous dis, vraiment, je ne trouve rien. Tout a l'air de marcher normalement. Vous avez loin à aller?

Odile Non. J'ai encore quelques kilomètres à faire. C'est tout.

Le mécanicien Oh, eh bien ça va, alors. Vous y arriverez.

Odile J'espère bien!

EXERCICE 2: En panne

Guide Odile a des ennuis de voiture. J'aimerais bien connaître les expressions que l'on utilise lorsqu'on a une panne.

Elle Il y a quelque chose qui ne va pas avec ma voiture.

* * *

Elle Elle ne veut pas démarrer.

* * *

Elle Le pot d'échappement a besoin d'être remplacé.

* * *

Elle Le moteur fait un drôle de bruit.

* * *

Elle Elle a des ratés.

* * *

Elle Je n'arrive pas à passer les vitesses.

* * *

Elle Et elle vient de caler.

* * *

Elle Vous pouvez y jeter un coup d'œil?

Guide Je crois que j'arriverai à me souvenir de ces expressions. Et je me demande si Odile a finalement réussi à arriver au concert.

SCENE 3: Dans la salle de concert

Michel Bonjour, Odile. Alors, tu as fait bon voyage?

Odile Oui, ça a été. J'ai eu quelques petits ennuis de voiture, mais rien de grave.

Michel Ah bon. De toute façon tu n'as rien manqué. On finit de préparer la salle. On attend encore un orchestre. Ils devraient être là ce soir.

Odile Et ... ils arrivent à l'heure, d'habitude?

Michel Non. Jamais. Ils ont du mal à être là le jour prévu, alors ...

Odile Le concert a lieu quand?

Michel Eh bien, il y en a deux. Un vers quatre heures pour les écoles, et un autre ce soir.

Odile Très bien.

Michel Je t'ai réservé une chambre dans le même hôtel que moi.

Odile Ce n'est pas trop cher?

Michel Ne t'en fais pas pour ça. De toute façon, c'est Radio NRJ qui paie. Au fait, tu as mangé?

Odile Non. Je n'ai pas eu le temps. Je me suis arrêtée au garage, c'est tout.

Michel Bon. On va essayer de trouver quelque part où on peut manger.

Odile D'accord. Oh, regarde. L'orchestre.

Michel Oui. Ils veulent être sûrs que tout marche bien.

Odile A cette heure-ci? Ils ne pourraient pas faire ça demain?

Michel Tu plaisantes! Il faudrait qu'ils se lèvent avant midi! Comment tu les trouves?

Odile Excellents. C'est vraiment bon, ce qu'ils font.

Michel Ce sera encore mieux demain, devant le public. Bon, on va manger quelque chose?

Odile D'accord. Mais ... il y a la voiture. J'aimerais bien la garer dans un endroit sûr.

Michel Tu n'as qu'à la mettre dans le parking de l'hôtel.

Odile Ça te dérangerait que je fasse ça maintenant? J'aurais l'esprit plus tranquille.

Michel D'accord. Dis donc, c'est dans la petite voiture de sport rouge que tu es arrivée?

Odile Oui, oui.

Michel Eh bien dis donc! Ça vaut une fortune, une voiture comme ça!

Odile Elle n'est pas à moi. On me l'a prêtée.

Michel Ils sont sympas, tes amis!

Odile Ta voiture n'a pas l'air mal non plus, remarque.

Michel Oh, elle n'a rien d'extraordinaire. Viens. Je te montre le chemin de l'hôtel.

Odile D'accord. Mais ne va pas trop vite!

EXERCICE 3: Confirmation

Guide Odile est bien arrivée. Mais il y a des musiciens qui ne sont pas encore arrivés. Je voudrais bien entendre comment on confirme un rendez-vous.

Lui J'ai réservé une chambre pour elle dans un hôtel. L'hôtel George V. Du vendredi soir au mardi matin. Elle doit arriver vendredi soir à 7 heures et partir mardi matin à 8 heures trente. Ensuite elle doit aller à Roissy prendre l'avion pour Londres. Je vais lui téléphoner pour confirmer son emploi du temps.

Elle Allô oui? Vous vouliez me parler?

* * *

Lui Oui. Je voudrais vous donner confirmation de votre emploi du temps.

Elle Ah oui, bien sûr. Je descends à quel hôtel?

* * *

Lui Je vous ai réservé une chambre à l'hôtel George V.

Elle Très bien. A partir de quand?

* * *

Lui Vous arrivez le vendredi soir à 7 heures.

Elle Entendu. Et je pars quand?

* * *

Lui Vous partez le mardi matin à 8 heures et demie.

Elle Parfait. Et après ça, je vais où?

* * *

Lui Londres.

Elle D'accord. Vous avez organisé quelque chose?

* * *

Lui Oui. Vous prenez l'avion à Roissy mardi soir.

Elle Bon. C'est parfait. Tout est clair. Merci.

Lui Au revoir.

Guide Tiens! Odile et Michel sont revenus à l'hôtel, maintenant.

SCENE 4: A l'hôtel

Odile Merci pour le repas, Michel. C'était délicieux.

Michel De rien. C'était le seul endroit ouvert à cette heure-ci. Tu vois, il est deux heures du matin.

Odile En tout cas, c'était très bien. On a passé une bonne soirée. Dis, il n'y a personne. Comment est-ce qu'on fait pour avoir nos clés?

Michel C'est le portier de nuit qui les a. Il dort à poings fermés avec la radio qui marche toujours. Viens. Ce n'est pas la peine de le réveiller. On a les chambres 214 et 215.

Odile Nos chambres ne sont pas très loin l'une de l'autre, apparemment. C'est toi qui l'as demandé?

Michel Ben ... oui. Je pensais que ça pourrait être utile. Si l'un de nous deux faisait de mauvais rêves, on pourrait se rassurer mutuellement.

Odile Ça m'étonnerait. Je dors comme un nouveau-né.

Michel Bon. En attendant, je t'offre un dernier verre? Pour se souhaiter bonne nuit?

Odile Il est trop tard. Le bar est fermé.

Michel Pas au bar. Dans ma chambre.

Odile Non. Merci, mais vraiment je n'en peux plus. Je crois que je vais aller me coucher.

Michel C'est ma vie, ça, tu vois.

Odile Quoi?

Michel Les hôtels, la nuit.

Odile Ça doit être formidable.

Michel Tu plaisantes, là?

Odile Non, non. Pour moi c'est du luxe. Bouger tout le temps, jamais au même endroit. La grande vie, quoi!

Michel Non, tu veux rire?

Odile Non, c'est vrai. Vu de loin, ça semble une vie de rêve.

Michel Tu t'imagines à l'hôtel tous les soirs? Rien à faire, personne à qui parler, obligé de rester dans ta chambre, enfermé. Rien à voir à la télévision. Rien à lire. Seul.

Odile Bon, bon. D'accord. Je viens boire un verre avec toi. A condition que tu arrêtes de gémir.

Michel C'est promis. Je ne pleure plus. Viens. Tu verras. Ce sera très gai.

Odile Pas trop gai, quand même. Et pas plus d'un verre.

EXERCICE 4: Rectifications

Guide Ça va. Je crois qu'Odile est en sécurité avec lui. J'ai remarqué que Michel l'a reprise à chaque fois qu'elle s'est trompée. J'aimerais entendre les expressions qui servent à reprendre quelqu'un.

Lui J'en ai assez de faire ce métier. Si je pouvais, j'arrêterais demain.

Elle Oh, tu exagères. Je suis sûre qu'en fait tu adores ce que tu fais.

* * *

Lui Tu plaisantes? Je te dis que j'en ai plus qu'assez.

Elle Pourtant, je croyais que c'était très intéressant.

* * *

Lui Penses-tu! C'est de la routine. Ça ne m'intéresse plus.

Elle Mais tu dois bien rencontrer des gens intéressants, quand même.

* * *

Lui Tu veux rire! Je vois toujours les mêmes têtes.

Elle Ah bon? Mais je croyais que tu voyageais tout autour du monde?

* * *

Lui Pas du tout! Je vais à Lyon une fois tous les trois mois, c'est tout.

Elle En tout cas tu dois bien gagner ta vie.

* * *

Lui Certainement pas! En fait, j'ai du mal à m'en sortir.

Elle Et tes voitures? Tu as une très belle voiture de fonction. Ta femme a une voiture de sport ...

Lui Mais jamais de la vie! La société ne me fournit pas de voiture.

Elle Heureusement, c'est quand même un travail très créatif, non?

* * *

Lui Absolument pas! On me demande toujours de faire la même chose.

Elle En tout cas, au moins, tu as des horaires agréables.

* * *

Lui Ah ça, sûrement pas! Je ne rentre jamais chez moi avant huit ou neuf heures du soir.

Elle Ah, bon. Je dois confondre avec quelqu'un d'autre, alors.

Guide Bien. L'heure du concert est arrivée.

SCENE 5: Dans la salle de concert

Michel Voilà. C'était l'un des deux groupes extraordinaires, d'une qualité vraiment exceptionnelle, qui vont jouer pour vous ce soir sous le patronage de Radio NRJ. Comme vous le savez, le concert de ce soir a été organisé pour une bonne cause. Grâce à une jeune femme. Elle a tout mis en œuvre afin d'aider le plus de gens possible. Elle va vous dire elle-même quelques mots dans un petit instant. Mais d'abord je vais vous demander d'applaudir très fort nos amis musiciens. Merci. Merci beaucoup à tous. Et maintenant, je laisse la parole à Odile Vallier, sans laquelle ce concert n'aurait pas lieu.

Odile Eh bien, moi, je voudrais simplement vous remercier tous. Merci aux musiciens et chanteurs qui jouent pour nous ce soir. Merci à Michel, qui a tout organisé. Et surtout merci à vous tous d'être venus ici ce soir. Grâce à vous cette soirée a été une très grande réussite. Merci encore. Et maintenant, je vous laisse écouter la suite du concert. Place à la musique!

EXERCICE 5: Remerciements et félicitations

Guide Le concert a l'air de se dérouler sans problèmes. Odile a remercié beaucoup de gens. J'aimerais bien m'exercer à utiliser ces mots de remerciement.

Elle Voilà. J'ai tapé votre lettre.

* * *

Lui Ah, merci. Vous êtes gentille.

Elle Et j'ai fait une photocopie, comme vous me l'aviez demandé.

* * *

Lui Parfait. Merci beaucoup.

Elle Et puis j'ai classé tous les dossiers par ordre alphabétique.

* * *

Lui Excellent. Je vous remercie.

Elle Vous m'aviez aussi demandé de taper toutes les enveloppes à la machine. C'est fait.

* * *

Lui Formidable. Merci beaucoup.

Elle En fait, tout est terminé.

* * *

Lui Merci infiniment. Vous êtes très aimable.

Guide Maintenant, j'aimerais aussi entendre les différentes manières de féliciter quelqu'un.

Elle Ça y est! J'ai mon permis! Je l'ai eu du premier coup!

* * *

Lui Formidable! Félicitations!

Elle Et je n'ai pris que dix leçons.

* * *

Lui Bravo! Vous êtes douée!

Elle Et je vais m'acheter une voiture neuve demain. Avec l'argent que j'ai économisé.

* * *

Lui C'est vrai? Mes compliments!

Elle Et en plus, je viens d'être reçue à mon examen!

* * *

Lui Mais c'est fantastique! Bravo!

Guide Ça n'a pas l'air trop difficle. Bon. Maintenant, retournons à la salle de concert.

SCENE 6: Dans la salle de concert

Michel Alors, Odile. Ça s'est plutôt bien passé, hein?

Odile Oh oui, les groupes étaient vraiment sensationnels.

Michel Et la recette ne sera pas mal non plus. Tu vas récolter pas mal d'argent pour tes étudiants.

Odile Oui, et c'est grâce à toi. Vraiment, je te remercie encore pour tout ce que tu as fait.

Michel Oh, de rien. C'est un bon coup pour tout le monde. Ça fait connaître Radio NRJ, ça fait de la publicité aux groupes qui sont venus. On y a tous gagné quelque chose. Alors tu vois, tu n'as pas besoin de me remercier.

Odile Je tenais quand même à le faire ... Mais je te promets que je ne recommencerai plus!

Michel Bon, ça va, alors! Au fait, qu'est-ce que tu fais, ce soir? Tu restes à l'hôtel?

Odile Non. Je vais rentrer.

Michel La chambre est toujours réservée, si tu veux rester.

Odile Non, non, il faut que je rentre.

Michel Mais tu n'arriveras pas avant demain matin. Tu vas rouler toute la nuit.

Odile Je sais. Ça ne fait rien. Je me coucherai de bonne heure demain.

Michel Bon. Je n'insiste pas. Tu sais ce que tu as à faire.

Odile Allez, au revoir Michel. Et merci pour tout.

Michel Merci à toi. Au revoir.

Odile Je t'appellerai.

Michel Ah oui. Surtout, n'oublie pas, parce que j'aurai de l'argent pour toi!

EXERCICE 6: Résister à la persuasion

Guide Michel a essayé de persuader Odile de rester. Elle, elle ne voulait pas. C'est très utile, de savoir comment résister à quelqu'un qui essaie de vous convaincre.

Lui Bon. Il faut que j'y aille maintenant. Je suis déjà en retard.

Elle Oh, tu peux bien rester encore un peu. Il n'est pas tard.

* * *

Lui Non, non. Il faut absolument que je parte. J'ai pas mal de trajet à faire.

Elle Il y a du monde sur la route à cette heure-ci. Attends un peu, ce sera plus calme.

* * *

Lui Je sais, mais je ne peux pas rester plus longtemps. J'ai trop de choses à faire à la maison.

Elle Je peux te faire à dîner. Ça ne prendra pas longtemps. Si tù dînes ici, tu n'auras pas besoin de t'arrêter en route.

* * *

Lui Je sais, mais quand même, il faut que je rentre.

Elle De toute façon, tu ne vas pas gagner beaucoup de temps en partant maintenant.

* * *

Lui Oui, mais si je m'asseois pour dîner, je ne partirai jamais. Non, vraiment, il faut que je m'en aille.

Elle Ecoute, si tu veux, tu peux rester dormir ici, et partir demain matin de bonne heure.

Lui Non, c'est gentil de ta part, mais je m'en vais. Il faut absolument que je parte.

Elle Bon, très bien.

Guide Odile est sur la route. Elle revient du concert tard dans la nuit.

SCENE 7: Dans la voiture

Odile Paris deux cent cinquante-trois kilomètres. A quatre-vingts, quatre-vingt-dix kilomètres heure, j'y serai dans trois heures à peu près.

Radio Ah ... quelle belle chanson. On ne se lasse pas de l'entendre. C'était Jacques Brel, bien sûr, qui chantait "Ne me quitte pas". Hélas, hélas, nous allons quand même devoir nous séparer. Il est une heure du matin, l'heure d'aller dormir. Nos émissions s'achèvent, et reprendront à cinq heures du matin. Je vous souhaite bonne nuit. Faites de beaux rêves, et ... à demain!

Guide Odile est arrivée chez elle maintenant. Il est plus de quatre heures du matin.

SCENE 8: Dans l'appartement d'Odile et de Delphine

Odile Tiens, il y a de la lumière!

Delphine C'est toi, Odile?

Odile Oui. Qu'est-ce que tu fais?

Delphine Je suis là. Je lis.

Odile Salut. Tu n'es pas couchée?

Delphine Je ne peux pas dormir.

Odile Pourquoi? Qu'est-ce qui s'est passé? Tu as eu de la visite? Didier?

Delphine Oui. Il vient de partir.

Odile Seulement? Tu sais l'heure qu'il est? Quatre heures passées!

Delphine Oui, je sais. C'est moi qui l'ai appelé et qui lui ai demandé de venir.

Odile Ah bon? Pourquoi?

Delphine Pour lui demander de l'aide. Je ne savais pas à qui m'adresser.

Odile Pourquoi de l'aide? Qu'est-ce qui s'est passé?

Delphine La police est venue.

Odile La police? Ici?

Delphine Oui. C'est à toi qu'ils voulaient parler.

Odile A moi? Qu'est-ce qu'ils me voulaient?

Delphine Je ne sais pas au juste. Il était question de toi et de Karim.

Odile Ecoute. Delphine. Sois gentille. Viens t'asseoir près de moi et raconte-moi tout depuis le début.

Guide Oh là là! Didier, la police, Karim ... Ecoutons la suite pour savoir ce qui se passe.

Cassette 4 Face 2

Tout est bien qui finit bien

SCENE 1: Dans l'appartement

Odile Bon. Tu recommences tout depuis le début.

Delphine Eh bien, il était onze heures à peu près. Je rentrais à la maison et j'ai vu une voiture de police dehors.

Odile Oui?

Delphine Alors je suis montée à l'appartement, et il y avait deux policiers qui attendaient sur le pas de la porte.

Odile Ils étaient en uniforme?

Delphine Il y en avait un en uniforme, et l'autre en civil.

Odile Et alors?

Delphine Eh bien ils m'ont demandé si j'habitais là. J'ai eu vraiment peur. Je me demandais ce qu'ils voulaient. Et puis ils m'ont demandé si je m'appelais Odile Vallier.

Odile Quoi?

Delphine Oui. Celui qui était en uniforme m'a dit: "C'est vous, Odile Vallier?" Quand j'ai entendu ça, j'ai cru qu'il t'était arrivé quelque chose, que tu avais eu un accident.

Odile Attends ... Si j'avais eu un accident, ils auraient su que c'était à moi que c'était arrivé.

Delphine Oui, bien sûr. Mais tu sais, à ce moment-là, je n'avais pas les idées très claires.

Odile Oui. Je m'en doute!

Delphine Bref, ils voulaient me poser d'autres questions. Alors on est tous entrés dans l'appartement, on s'est assis et ils m'ont questionnée pendant au moins une heure.

Ils m'ont demandé où tu étais. Je leur ai dit. Ensuite, ils ont voulu savoir où était Karim. J'ai dit que je ne savais pas. Ils m'ont aussi demandé de leur dire ce que je savais sur Karim. Comment on l'avait connu toutes les deux. S'il avait habité longtemps avec nous. Quand il était parti. Ils n'ont pas arrêté de me questionner.

Odile C'était surtout Karim qui les intéressait?

Delphine Oui. Ils voulaient vraiment tout savoir sur lui.

Odile Ils t'ont dit pourquoi?

Delphine Non. Ils n'ont donné aucune raison. Qu'est-ce qui a bien pu lui arriver?

Odile Ça, je me le demande!

Delphine Je ne savais vraiment pas quoi faire. Je ne pouvais pas te joindre. Alors dès qu'ils sont partis j'ai téléphoné à Didier. Il a été très gentil.

Odile Remarque, je ne vois pas pourquoi tu l'as appelé. Ce n'est pas toi que la police voulait questionner, c'est moi.

Delphine Je ne savais pas quoi faire d'autre. Ce n'est pas très agréable, d'avoir la visite de la police à onze heures du soir.

Odile Oui. Je comprends bien, mais ...

Delphine Au fait, ils m'ont demandé de les appeler quand tu rentrerais à la maison.

Odile Qui? La police?

Delphine Oui.

Odile Mais il est cinq heures du matin!

Delphine Ah, écoute, ils m'ont dit de les appeler dès que je te verrais.

Odile A n'importe quelle heure du jour ou de la nuit?

Delphine A n'importe quelle heure. Ça n'a pas d'importance.

Odile Bon. Je vais leur donner un coup de fil. Tu as le numéro?

Delphine Oui. Ils l'ont écrit dans le carnet. Tiens, là. J'espère qu'ils ne vont pas te faire des ennuis.

Odile Et pourquoi est-ce qu'ils m'en feraient? J'ai la conscience tranquille, je n'ai rien fait de mal.

Delphine Oui, je sais bien.

Odile Bon. De toute façon on verra bien. Donne-moi le numéro. Merci ... Allô? Odile Vallier à l'appareil. Il paraît que vous me cherchez.

EXERCICE 1: Transmettre une information

Guide J'espère qu'Odile ne va pas avoir de problèmes. Delphine lui a tout raconté avec beaucoup de détails. J'aimerais bien m'exercer à rapporter une conversation et des questions.

Lui Allô? Oui? Ah non, Marie-Laure n'est pas là. Ah, je ne sais pas ... Elle est allée dîner au restaurant. Elle devrait revenir vers onze heures, onze heures et demie. C'est de la part de qui? Jean-Luc. Oui. Je peux lui transmettre un message? Vous la rappellerez demain matin vers dix heures? D'accord. Je lui dirai.

Elle Salut, c'est moi!

Lui Ah, bonjour, Marie-Laure. Il y a eu un coup de téléphone pour toi, pendant que tu étais partie.

Elle Ah bon? C'était qui?

Lui Un certain Jean-Luc.

Elle Qu'est-ce qu'il voulait?

* * *

Lui Te parler.

Elle A moi?

* * *

Lui Oui. Il voulait savoir où tu étais.

Elle Eh bien, tu lui as dit? J'étais au restaurant avec des amis. C'est tout?

* * *

Lui Il voulait savoir quand tu étais sortie.

Elle Oui ... Alors tu l'as renseigné? Et puis?

* * *

Lui Il m'a demandé quand tu reviendrais.

Elle Oui. Alors tu lui as dit. Vers onze heures. Il a laissé un message?

* * *

Lui Il a simplement dit qu'il t'appellerait.

Elle A quelle heure?

* * *

Lui Il a dit qu'il essaierait demain matin vers dix heures.

Elle D'accord. Merci.

Guide Odile est au bureau maintenant. Elle a dû tout expliquer à la police.

SCENE 2: L'agence de publicité

Odile Bonjour, Didier.

Didier Bonjour, Odile!

Odile Merci de m'avoir prêté ta voiture. C'était vraiment sympa. Tiens, voilà les clés.

Didier Merci.

Odile Je l'ai garée dans le parking.

Didier D'accord. Alors, comment ça s'est passé, ce concert?

Odile Très bien, merci.

Didier Ça va rapporter beaucoup d'argent?

Odile Pas mal, oui. Au fait, il paraît que tu t'es bien occupé de Delphine?

Didier Je l'ai aidée un peu, oui.

Odile Elle est jolie, hein, mon amie Delphine?

Didier Oui, oui. Elle n'est pas mal du tout. Elle s'est fait beaucoup de souci quand la police est venue.

Odile Oui. Je sais. Elle adore se faire du souci.

Didier Tu as contacté la police?

Odile Oui, oui. Je leur ai téléphoné et puis je suis allée au commissariat.

Didier Qu'est-ce qu'ils veulent, exactement?

Odile Ils veulent retrouver Karim pour lui poser des questions.

Didier Et tu as pu les aider?

Odile Je leur ai dit la verité. Je ne sais pas où il est.

Didier Pourquoi est-ce qu'ils le recherchent? Qu'est-ce qu'il a fait?

Odile Je ne sais pas exactement. Je crois que c'est pour des raisons politiques. D'après les questions des policiers, ça avait l'air assez sérieux.

Didier Tu as vraiment des relations douteuses, tu sais.

Odile Eh oui ... Je sais.

Didier Enfin ... dis, Odile.

Odile Oui?

Didier Tu as dû te coucher très tard la nuit dernière?

Odile Tu veux dire très tôt ce matin? Vers cinq heures!

Didier Tu n'as dormi que quatre heures, alors? Tu dois être épuisée!

Odile Je ne me sens pas très fraîche, non. Mais je ne voulais pas manquer encore un jour de travail. J'ai déjà manqué deux jours entiers. Ça suffit. Ne t'inquiète pas, je ferai mon travail normalement.

Didier Non. Ce n'est pas ça que je voulais dire.

Odile Quoi, alors?

Didier Eh bien je pensais qu'on pourrait peut-être dîner ensemble ce soir. Après le travail.

Odile Ah ...

Didier Mais tu seras sûrement trop fatiquée. Tu auras envie de te coucher tôt.

Odile Eh bien, je ne sais pas ...

Didier Allô? Odile? Oui, elle est là. Ne quittez pas, je vous la passe. C'est pour toi. C'est le présentateur de la radio, Michel.

Odile Allô? Michel? Comment vas-tu? Oui, oui, merci. Non. non. Sans problèmes ... Ce soir? Non, je te remercie, mais vraiment je suis trop fatiguée. Je suis arrivée vers quatre heures, et ensuite il a fallu que je contacte la police. Non, non, rien de grave, mais ça a pris du temps. Eh bien oui, j'ai dormi quatre heures seulement. Complètement épuisée, oui. Je vais me coucher de bonne heure ce soir. Eh bien, oui, ce sera pour une autre fois. D'accord. Merci. Au revoir.

Didier Bon. A plus tard, alors.

Odile Attends un peu.

Didier Quoi?

Odile Tu ne m'as pas parlé d'aller dîner ce soir?

Didier Si, mais ... je croyais que tu voulais te coucher très tôt? ... que tu étais trop fatiguée?

Odile Qui est-ce qui t'a dit ça?

Didier Eh bien ... Toi. Il y a cinq minutes, tu ...

Odile Moi? Mais non. Pas du tout.

Didier Mais si, enfin, tu ... Odile?

Odile Oui? Quoi?

Didier Ça te plairait de dîner avec moi ce soir?

Odile Didier ... je serais *ravie* de dîner avec toi ce soir.

EXERCICE 2: Eluder une question

Guide Tiens, tiens. Odile et Didier sont allés dîner ensemble. J'ai bien aimé la manière dont Odile évitait les questions de Didier, à la fin. C'est très utile, quelquefois, de ne pas répondre aux questions.

Elle Non, non. Ne t'inquiète pas. Je ne lui dirai pas où on est allés. Bon. Le voilà. Au revoir.

Lui Anne? C'est moi.

Elle Ah, bonjour, ça va?

Lui Qui c'était, au téléphone?

* * *

Elle Oh, personne, personne.

Lui Comment ça, personne?

* * *

Elle Oh, quelqu'un que tu ne connais pas.

Lui Mais de quoi parliez-vous? Ça avait l'air très secret.

* * *

Elle Non, non, rien de spécial.

Lui Vous deviez bien parler de quelque chose, quand même?

* * *

Elle Mais non, je t'assure. Rien d'important.

Lui Par exemple?

* * *

Elle Rien de particulier. Ça ne t'intéresserait pas.

Lui Je croyais que vous parliez de votre sortie. Où est-ce que vous êtes allés?

* * *

Elle Oh, nulle part.

Lui Vous êtes bien allés quelque part, quand même?

* * *

Elle Non. Nulle part. Peu importe.

Lui Vous ne deviez pas aller au cinéma?

* * *

Elle Non. D'ailleurs j'ai déjà oublié. Ça n'a pas d'importance.

Lui Bon, bon.

Guide Bien. Odile est de retour à l'appartement. Delphine et elle sont en train d'examiner en détail des documents pour l'échange.

SCENE 3: Dans l'appartement d'Odile et de Delphine

Odile Madir, Mahmud.

Delphine Oui. Alors ... BSF. Deux ans. Logement fourni.

Odile El Kahlin, Bashir.

Delphine Oui. Ministère de l'Agriculture. Un an. Logement prévu.

Odile Farhat, Salah.

Delphine Hôpital de la Pitié. Deux ans.

Odile Et le logement?

Delphine Il a un frère, à Paris. Il habitera avec lui.

Odile Bon. C'est tout. On a fini?

Delphine Oui, oui. On a tout fait.

Odile Ouf! Tant mieux!

Delphine Oui. Je suis bien contente que ce soit fini.

Odile Moi aussi! On s'est bien amusées, mais il y a des limites!

Delphine En fait ... je ne sais pas si je t'aiderai l'année prochaine!

Odile Oh, tu sais, moi, je suis contente d'avoir aidé des gens, mais je serais ravie de laisser ma place à quelqu'un d'autre l'année prochaine!

Delphine Oh, au fait. J'oubliais. Il y a une lettre pour toi. Je ne l'ai pas ouverte.

Odile Ah bon?

Delphine Oui. Tiens. On dirait l'écriture de Karim.

Odile Oui. C'est bien de lui.

La lettre de Karim Chère Odile, quand tu liras cette lettre je serai déjà loin. La police me recherche et il faut que je parte au plus vite. Je ne te reverrai sûrement pas. J'espère que la police ne t'a pas trop inquiétée à cause de moi. Je voulais te dire la vérité avant de partir et tout t'expliquer. Je reconnais que je me suis servi de toi et de Delphine. Je vous ai menti à toutes les deux! Je ne suis pas venu en France pour étudier. Au début je me suis servi de vous parce que je ne savais pas où habiter et je voulais loger dans votre appartement. Mais ça c'était seulement au début. Le jour de notre pique-nique, le samedi, je ne jouais plus la comédie. Je disais la vérité. Tout ce que je t'ai dit ce jour-là, je le pensais. J'espère que tu me crois. Je ne mentais pas ce jour-là. La police a dû te parler à mon sujet. Tu as dû entendre des choses très désagréables sur mon compte. Mais j'espère quand même que tu penseras à moi avec un peu d'amitié et de sympathie. Je te souhaite plus de chance avec les gens que tu essaieras d'aider à l'avenir. Bonne chance. Amitiés, Karim.

Delphine Qu'est-ce qu'il dit?

Odile Pas grand-chose. Il s'excuse de nous avoir causé des ennuis.

Delphine Et c'est tout?

Odile Eh bien oui. C'est tout.

Delphine Vraiment, les hommes me dégoûtent.

Odile Oui. Pour le moment, le mieux, c'est de les oublier. On n'a qu'à finir le travail, et on le confie à quelqu'un d'autre. Et après ça, on se repose!

Delphine Il y a encore beaucoup à faire?

Odile Eh bien, toute la partie financière. Il faut tout régler avec la banque, quoi.

Delphine D'accord. On continue!

EXERCICE 3: A la banque

Guide Odile et Delphine ont encore beaucoup de travail à faire, surtout de la comptabilité. En parlant de comptabilité, j'aimerais bien entendre quelques termes de banque français.

Elle Bonjour, Monsieur.

Lui Bonjour.

Elle J'aimerais ouvrir un compte chez vous. Est-ce que vous pouvez me dire quelles sont les différentes sortes de compte, s'il vous plaît, et les formalités à remplir?

Lui Oui. Eh bien, vous avez le compte courant. Avec le compte courant, vous utilisez un chéquier.

Elle Oui.

Lui Ensuite, vous avez également un compte de dépôt. Si vous mettez votre argent dans un compte de dépôt, votre argent vous rapportera des intérêts.

Elle Ah, je vois.

Lui Et enfin, vous avez le compte d'épargne. Vous ouvrez un compte d'épargne si vous désirez économiser une somme d'argent régulièrement chaque mois.

Elle Oui, je comprends. Je crois que je vais commencer par ouvrir un compte courant. Qu'est-ce que je dois faire pour ça?

* * *

Lui Vous remplissez un formulaire.

Elle Oui. Et ensuite?

* * *

Lui Vous devez déposer mille francs sur votre compte.

* * *

Elle D'accord. Et pour avoir le chéquier?

* * *

Lui Le compte courant est appelé aussi compte de chèques. Dès que vous aurez mis les mille francs sur votre compte, on vous donnera un chéquier.

Elle Très bien. Maintenant, si je veux toucher des intérêts sur mon argent, ...

* * *

Lui Vous ouvrez un compte de dépôt.

Elle Oui. Et si je veux épargner régulièrement?

* * *

Lui Vous ouvrez un compte d'épargne.

Elle D'accord. Merci.

Guide Bien. Didier devait emmener Odile au restaurant, ce soir. Allons voir s'ils passent une bonne soirée.

SCENE 4: Dans un restaurant

Odile En tout cas, c'est fini, maintenant.

Didier Ah bon?

Odile Oui. Tout est réglé. Tous les étudiants ont un logement et un endroit où faire leur stage. Ils sont tous casés. J'ai fait tout ce que j'ai pu, et je ne peux rien faire de plus. C'est très agréable, comme sensation.

Didier Tu dis ça maintenant. Et l'année prochaine, ça va recommencer.

Odile Ah ça, sûrement pas. Quelqu'un d'autre peut le faire à ma place.

Didier Et l'argent?

Odile Oh, on ne s'en sort pas trop mal. On n'est pas très riches, mais enfin ça va.

Didier Et les impôts?

Odile Quels impôts?

Didier Eh bien, les impôts à payer sur l'argent que vous avez gagné. Tout ça va exciter la curiosité du percepteur.

Odile Oh non! Ne me parle pas de ça!

Didier Mais si! Tu penses! Ils voudront voir tous les comptes.

Odile Oh, je ne veux pas le savoir. Surtout ce soir. Je croyais qu'on devait faire un dîner romantique. Allez, oublions tout ça.

Didier Je suis désolé. Les dîners romantiques, ce n'est vraiment pas mon fort.

Odile En tout cas, c'est vraiment agréable, cet endroit.

Didier Au fait, et Delphine, comment va-t-elle?

Odile Oh, écoute, je ne suis pas là pour parler de Delphine! Je suppose que ton dîner avec elle était très romantique?

Didier Je t'aurais emmenée toi, si tu n'avais pas été aussi occupée à fréquenter les concerts pop.

Odile Quand même, tu n'avais pas besoin de l'inviter à dîner.

Didier Pourquoi? Elle est très sympathique.

Odile Ça recommence! On ne pourrait pas parler d'autre chose? J'en ai assez de t'entendre parler de Delphine ce soir.

Didier Si je comprends bien, tu aimes les dîners en tête-à-tête avec moi, et tu voudrais que je ne penses plus à Delphine?

Odile Tu comprends vite!

Didier Dans ce cas-là, j'ai trouvé la solution idéale.

Odile Qu'est-ce que c'est?

Didier Nous marier.

Odile Qu'est-ce que tu dis? Oh, j'ai cassé le verre!

Didier Ce n'est pas grave. On en demandera un autre. Je disais donc: si on se mariait? On pourrait faire un dîner romantique tous les soirs, chez nous. Ce serait beaucoup plus économique! Non? Qu'est-ce que tu en penses?

Odile Tout bien réfléchi, ça ne me semble pas une mauvaise idée.

Didier Bon. Alors, c'est réglé. Mais à une condition.

Odile Laquelle?

Didier Que tu continues à travailler. Je ne peux pas me permettre de perdre une bonne employée. Même pour y gagner une femme.

Odile Oui, patron. Bien, patron.

EXERCICE 4: Insister

Guide Alors Didier et Odile vont se marier! Quelle bonne idée! Ce sera bientôt la fin de l'histoire, et je voudrais bien entendre de nouveau comment on met l'accent, comment on *insiste* sur quelque chose.

Lui Quelqu'un a fumé mes cigarettes.

Elle Ça, ce n'est pas moi.

Lui Tu es sûre que ce n'est pas toi?

* * *

Elle Certainement pas!

Lui C'est vrai?

Elle Absolument! Je te dis que je n'y ai pas touché.

Lui Même pas une?

* * *

Elle Pas une seule.

Lui Quelqu'un a bien dû les fumer. Elles n'ont pas disparu toutes seules, quand même.

Elle De toute façon, ça ne peut pas être moi. J'ai arrêté de fumer le mois dernier.

Lui Tu ne fumes plus?

* * *

Elle Non, plus du tout. J'ai arrêté complètement.

Lui Oui, eh bien, c'est possible. Mais enfin c'est bien quelqu'un qui les a fumées.

Elle En tout cas, moi, je n'aurais jamais fait une chose pareille.

Lui Non?

* * *

Elle Certainement pas. Ça ne me serait jamais venu à l'esprit.

Lui Je me demande qui c'est.

Elle Ça, je n'en ai aucune idée.

Lui Vraiment aucune?

* * *

Elle Non. Pas la moindre.

Lui Même pas une vague idée?

* * *

Lui Non, même pas. Je ne vois absolument pas qui ça peut être!

Guide Odile est allée à la perception pour régler la comptabilité de son association.

SCENE 5: Dans un bureau de l'administration

Odile Est-ce que je pourrais avoir le formulaire de déclaration de revenu total et dépenses, s'il vous plaît? Merci ... Qu'est-ce que ça veut dire, ça? Vérification comptable signée?

Fonctionnaire Oui, il vous la faut.

Odile Signée par qui?

Fonctionnaire Par quelqu'un qui a vu votre comptabilité et qui l'a vérifiée.

Odile Je peux le faire moi-même?

Fonctionnaire Oui, mais seulement si vous êtes un comptable qualifié.

Odile Et là? Il y a écrit "Formulaire permettant d'inscrire les comptes vérifiés de vos fonds". Il m'en faut un aussi?

Fonctionnaire Oui, oui.

Odile Alors, vous pourriez m'en donner un, s'il vous plaît?

Fonctionnaire Ah, nous n'en avons pas ici, Mademoiselle. Il faut que vous alliez au bureau d'enregistrement.

Odile Ah! Et ça se trouve où?

Fonctionnaire Avenue de la République.

Odile Mais il est fermé, ce bureau-là.

Fonctionnaire Il rouvre à deux heures.

Odile En attendant, j'ai fait la queue une heure ici, pour rien.

Fonctionnaire Eh oui, je sais. Vous savez c'est toujours comme ça, ici. Il y a toujours beaucoup de monde.

Odile Ecoutez, est-ce que vous pourriez me rendre un service?

Fonctionnaire Ça dépend. Qu'est-ce que vous voulez?

Odile Vous ne pourriez pas m'avoir un exemplaire du formulaire en question?

Fonctionnaire Ah, je suis désolé, Mademoiselle, mais je ne peux pas quitter mon service.

Odile Bon. Tant pis. En tout cas, il y a quelque chose que je ne comprends pas très bien sur ce formulaire.

Fonctionnaire Où ça?

Odile Regardez. Là. Le troisième paragraphe.

Fonctionnaire Bon. Je vais voir ça.

Odile Voilà. C'est fait. Toute la comptabilité est en ordre. Tout est réglé. Allô? Professeur Merle? Odile Vallier à l'appareil. Je ne sais pas si vous vous souvenez de moi. J'étais venue vous voir il y a quelques semaines de ça, au sujet d'un programme d'échanges. C'est ça, oui. Oui, tout est organisé. Nous avons réussi à trouver un lieu de stage et un logement pour tous les étudiants. Oui. Merci. Oui, justement, je n'aurai plus le temps de m'en occuper moi-même, et je voudrais confier le projet à quelqu'un d'autre. J'ai tous les papiers nécessaires. Tous les renseignements. La comptabilité en détail. Est-ce que vous connaissez quelqu'un que ça intéresserait, et à qui on pourrait le confier, l'année prochaine? Oui. Oh, si vous pouviez, ce serait formidable. Merci. C'est très gentil à vous. D'accord. J'enverrai tous les documents par la poste. Merci encore. Au revoir. Et voilà. Je vais pouvoir faire mon vrai travail, maintenant.

EXERCICE 5: Demander son chemin

Guide Bon. Odile a l'air d'avoir tout réglé maintenant. Elle a eu du mal à trouver ce qu'elle voulait au bureau de perception. Qu'est-ce qu'on dit quand on veut demander son chemin?

Lui Il faut que je trouve madame Douzille. Je crois qu'elle est dans la salle 410. Je vais demander où c'est. Voilà une dame. Elle peut peut-être m'aider.

* * *

Excusez-moi. Je peux vous demander un renseignement?

Elle Oui. Bien sûr. Vous cherchez quelqu'un?

* * *

Lui Je cherche Mme Douzille.

Elle Ah, je ne vois pas qui c'est. Vous savez dans quel bureau elle est?

* * *

Lui Je crois qu'elle est dans la salle 410.

Elle Ah, oui. Et vous voulez savoir où ça se trouve?

* * *

Lui Oui. Vous pouvez m'indiquer le chemin?

Elle Oui. C'est au quatrième étage. Près des ascenseurs.

* * *

Lui Vous pouvez me dire où sont les ascenseurs?

Elle Oui. Ils sont dans le coin, là, à droite. ... Ah mais non, attendez ... Madame Douzille? Non, non ... Elle n'est pas au 410. Elle est dans la nouvelle annexe, avec l'administration.

* * *

Lui Ah bon. Vous voulez bien me dire où c'est?

Elle Oui. Vous tournez à droite en sortant d'ici, vous traversez la cour, et vous y êtes.

* * *

Lui Merci beaucoup. Vous êtes bien aimable.

Guide Retournons au bureau maintenant, pour retrouver Didier et Odile.

SCENE 6: L'agence de publicité

Didier ... et en principe on doit les voir vendredi prochain.

Odile Oui, ça devrait aller. Pas de problèmes.

Didier Bien sûr. Ça me laisse presque une semaine. Ça suffit largement.

Didier Ça fait plaisir de te voir travailler à plein temps, comme avant.

Odile Oh, allez, ce n'était pas si terrible que ça, quand même! Je n'ai jamais négligé mon travail pour l'agence.

Didier Non, je sais bien. Mais j'avais peur qu'un jour ton travail pour les étudiants ne prenne toute la place.

Odile Oh, tu n'as pas besoin de t'inquiéter. C'est fini, tout ça. Le professeur Merle a pris la relève. Je suis une dame de charité en retraite!

Didier Ah tiens, au fait, ça me fait penser: il a téléphoné, Merle. Il veut que tu l'appelles.

Odile Ah bon. Il doit avoir du mal à comprendre mes notes. Je dois dire que ça ne m'étonne pas tellement!

Didier Enfin tu crois que tu peux finir ce travail à temps pour la réunion de vendredi?

Odile C'est comme si c'était fait!

Didier Ah, une dernière question. Mademoiselle Vallier verrait-elle un inconvénient à faire quelques heures supplémentaires ce soir?

Odile Mais non, Monsieur. Bien sûr que non, Monsieur. Je suis toute dévouée à mon travail, comme vous le savez.

Didier Il y a un concert, ce soir, et je pense que nous devrions l'écouter. C'est notre devoir professionnel.

Odile Très bien. J'obéis. Et, est-ce que notre devoir professionnel comprend aussi un dîner, après le concert?

Didier Bien entendu.

Odile Parfait, Monsieur. Vous pouvez compter sur moi. Je passe chez moi me changer et je reviens à mon poste.

Didier D'accord. Je passerai te prendre vers sept heures.

Odile Je serai prête.
Allô? Professeur Merle? Odile Vallier à l'appareil. On m'a dit que vous vouliez me parler. Oui. Je vois, ... oui. Vraiment, ce ne sera pas possible. Je n'ai plus de temps libre maintenant. Je viens de promettre à mon patron de ne plus ... Non, je suis désolée, mais ... Oui, évidemment, je comprends ... Et il n'y a vraiment personne d'autre qui pourrait s'en occuper? Je vois. Bon, d'accord. Mais un seul, pas plus. Envoyez-moi son nom et son adresse, et je m'en occupe. D'accord. Très bien. Au revoir. Didier?

Didier Oui?

Odile Tu ne vas pas être très content!

Didier Qu'est-ce qu'il y a?

Odile Eh bien ... Il paraît qu'il y a un jeune Chilien qui n'arrive pas à obtenir une place pour venir étudier ici. Il avait été accepté, et puis ... Je sais que j'ai dit que c'était fini, tout ça, mais ...

Didier Tu sais que tu es vraiment incroyable? Si tu n'existais pas, il faudrait t'inventer!

Odile Tu es fâché?

Didier Evidemment, que je suis fâché! J'étouffe de colère! Enfin, au moins, on voyage un peu! Après l'Afrique du Nord, on passe à l'Amérique du Sud. Ça change!

Odile	Alors notre dîner d'affaires n'est pas annulé?
Didier	Certainement pas! Les affaires sont les affaires!
Odile	Et le concert non plus?
Didier	Mais non, voyons ... La musique adoucit les mœurs ... et calme les nerfs!

Available PRACTICE & IMPROVE Programs

Spanish
Practice & Improve Your Spanish
Practice & Improve Your Spanish PLUS
Improve Your Spanish *(Package with both P & I levels)*

French
Practice & Improve Your French
Practice & Improve Your French PLUS
Improve Your French *(Package with both P & I levels)*

German
Practice & Improve Your German
Practice & Improve Your German PLUS
Improve Your German *(Package with both P & I levels)*

Italian
Practice & Improve Your Italian
Practice & Improve Your Italian PLUS
Improve Your Italian *(Package with both P & I levels)*

PASSPORT BOOKS
a division of *NTC Publishing Group*
Lincolnwood, Illinois USA